世の中への扉

命の意味
命のしるし

上橋菜穂子 × 齊藤慶輔

講談社

命の意味　命のしるし

もくじ

プロローグ　リアル『獣《けもの》の奏者《そうじゃ》』に会いにいく　6

SWITCH　上橋《うえはし》菜穂子《なほこ》 >>> 齊藤《さいとう》慶輔《けいすけ》　11

第一章　なぜ物語を描《えが》くのか　35

第二章　なぜ治したいと思うのか　55

第三章　鳥の目線で描《えが》く　77
第四章　ふたつの世界の境界線《きょうかいせん》で　95
SWITCH　齊藤慶輔《さいとうけいすけ》〉〉〉上橋菜穂子《うえはしなほこ》　113
エピローグ　命の現場《げんば》から　130

〈おかあさんはね、ジェシ、ずっと、あなたぐらいの年のころからずっと、
リランたちを野に帰したいと思ってきた。
——野に生まれたものは、野に在《あ》るように生きさせたかった〉

（上橋菜穂子《うえはしなほこ》『獣《けもの》の奏者《そうじゃ》Ⅳ 完結編《かんけつへん》』より）

プロローグ　リアル『獣《けもの》の奏者《そうじゃ》』に会いにいく

上橋菜穂子《うえはしなほこ》

　私《わたし》が、釧路湿原野生生物保護《くしろしつげんやせいせいぶつほご》センターを訪《たず》ねたのは、二〇一六年二月のことでした。

　北海道《ほっかいどう》の東部、いわゆる道東《どうとう》にある釧路湿原は、日本でも有数の水鳥の生息地として知られています。とりわけ野生動物の多い地域《ちいき》であり、国立自然公園にも指定されています。

　私がNHK《エヌエイチケイ》の番組『SWITCH《スイッチ》インタビュー　達人達《たつじんたち》』の対談相手としてリクエストした獣医師《じゅういし》の齊藤慶輔《さいとうけいすけ》さんは、このセンターにある「猛禽類医学研究所《もうきんるいいがくけんきゅうじょ》」で絶滅《ぜつめつ》の危機《きき》に瀕《ひん》したオオワシやシマフクロウなどを治療《ちりょう》している「野生動物のお医者さん」です。

猛禽類《もうきんるい》というのは、ほかの動物を捕食《ほしょく》して生活をする鳥類のことです。獲物《えもの》をとらえるための鋭《するど》い爪《つめ》と曲がったくちばしを持ち、気性《きしょう》が荒《あら》く、翼《つばさ》を広げると二メートルを超《こ》えるものが少なくありません。齊藤先生が相手にしているのは、人に慣《な》れた犬や猫《ねこ》とはちがう、野生の猛々《たけだけ》しい鳥たちなのです。

私《わたし》の物語を読んでくださったことのある方なら、きっと、傷《きず》ついた巨鳥《きょちょう》たちを治《ち》療《りょう》する姿《すがた》に『獣の奏者』の主人公・エリンを思《おも》い浮《う》かべるのではないでしょうか。獣《けもの》ノ医術師《いじゅつし》であるエリンも、王獣《おうじゅう》の子・リランを懸命《けんめい》に治療します。この物語に登場する「王獣」は架空《かくう》の生き物ですが、やはり大きな翼を持ち、人に慣れない、慣らしてはいけない野生の獣でした。

実は、この『獣の奏者』がご縁《えん》となって、私は齊藤先生と出会ったのです。『獣の奏者 外伝《がいでん》 刹那《せつな》』の「秘《ひ》め事《ごと》」という短編《たんぺん》には、エリンの先生であるエサルの若《わか》き日が描《えが》かれています。その中に、野生動物を観察することで治療方法を発見する場面があったことから、本物の「野生動物のお医者さん」である齊藤先生から見て、おかしな描写《びょうしゃ》がないか、原稿《げんこう》を読んで確認《かくにん》してもらうことにしたのです。今から六年前、二〇一〇年のことでした。そのときにメールでやりとりをさせていただいたことが、ずっと印象に残っていたのです。

ハンガリーに行ったとき、一度だけ、タカを腕《うで》に乗せたことがあります。体の大きさのわりに軽かったという記憶《きおく》があって、空を飛ぶものの体だなとハッとしたのを覚えています。もともとタカやワシは大好きで、大空を舞《ま》うものが好きなんです。それで『獣の奏者』に出てくるような王獣《おうじゅう》のような、翼《つばさ》を持つ獣《けもの》を描《えが》いたのかもしれません。

私《わたし》は物語の中でただ想像《そうぞう》しているだけですが、現実《げんじつ》に猛禽類《もうきんるい》に出会ったら、きっと怖《こわ》いだろうなという気がします。

齊藤先生が釧路に赴任《ふにん》されたとき、日本には猛禽類を専門《せんもん》に診《み》る獣医師《じゅういし》はいなかったそうです。お手本になる前例もない中、傷ついた野生の鳥たちと向き合い、その命を救おうと懸命《けんめい》に試行錯誤《しこうさくご》してきた人がなにを思い、どういう経験《けいけん》をされてきたのかを、ぜひ、うかがってみたいと思ったのです。

お目にかかるのは今回が初めてでしたから、リアル『獣の奏者』との対面に、かなりドキドキしました。二月の釧路の寒さを恐《おそ》れて、もこもこの厚着《あつぎ》で訪《おとず》れた私《わたし》を、さっそうと出迎《でむか》えてくださった齊藤先生は、え？ と思うほど薄着《うすぎ》で、強い光をはなつ眼差《まなざ》しが印象的でした。

リアル『獣の奏者』との対談は、私を、この世界を俯瞰《ふかん》するような高い空まで連れていってくれました。みなさんも、一緒《いっしょ》に空に舞《ま》い上《あ》がっていただけたら幸せです。

上《う》橋《はし》菜《な》穂《ほ》子《こ》

SWITCH

齊《さい》藤《とう》慶《けい》輔《すけ》

獣医師《じゅういし》・齊藤慶輔さんの仕事場、北海道《ほっかいどう》釧路《くしろ》湿原《しつげん》野《や》生生物《せいせいぶつ》保護《ほご》センターを訪《たず》ねた上橋菜穂子さん。そこで発見した、齊藤慶輔さんの「仕事の極意《ごくい》」とは？

野生動物のお医者さん

上橋　はじめまして。上橋《うえはし》です。

齊藤　こんにちは。齊藤《さいとう》です。よろしくお願いします。

上橋　今日はお時間をとっていただきまして、本当にありがとうございます。

齊藤　はるばる寒いところにいらしていただいて。

上橋　まさか二月の釧路《くしろ》に来るとは思ってなかった（笑）。先生、すごい軽装《けいそう》でいらっしゃいますね。私《わたし》、もこもこで。こんなに厚着《あつぎ》をしなくてもよかったかも。

齊藤　いや、外は寒いですよ。足元、滑《すべ》るので気をつけてください。

上橋　雪はきれいに寄《よ》せてあるんですね。

齊藤　大々的なビジターセンターではありませんが、いちおう、ここは来館者もおりますので。夏場のほうがやっぱり多いですが。

上橋　子どもたちも来ます？

齊藤　そうですね。多いですよ。子どもたちのほうが多いかもしれません。鳥インフルエンザ対策《たいさく》の石灰石《せっかいせき》をたくさんまいてあるので、それを踏《ふ》んでからお入りください。まずは治療室《ちりょうしつ》からご覧《らん》にいれますね。どうぞ。

上橋　失礼いたします。

齊藤　ふつうの動物病院と同じようなものですが、手術用《しゅじゅつよう》の器具が多いです。手術台は、この無影灯《むえいとう》で照らします。無影灯というのは、手術するとき、手元に影《かげ》ができにくいライトです。これがガス麻酔《ますい》、それからこれが電気メスです。電気メスも、アメリカ製《せい》とドイツ製を、用途《ようと》によって使いわけています。

上橋　特殊《とくしゅ》なものなんですね。

齊藤　動物病院としては、かなり充実《じゅうじつ》した治療ができる環境《かんきょう》だと思います。

上橋　手術器具ひとつでも、なにを使うか、試行錯誤《しこうさくご》されたと思うのですが、たとえば麻酔はどうされたのですか。

齊藤　そうですね。鳥の場合、麻酔ガスの濃度《のうど》を細かくコントロールしなければなりませんので、ジャクソン・リースという、人間の新生児用の特殊《とくしゅ》な麻酔回路を使っています。

上橋　麻酔《ますい》の量をどうするか、というのは、それこそ命に関わってきますよね。たとえばこのオオワシのこの体重だとこの量で……というのは、どうやって？

齊藤　そうですね。「対話」しながらです。といっても、人間なら麻酔が切れれば「痛《いた》い」と言ってくれますが、鳥はそうはいきませんから、目の前の傷《きず》ついた鳥が発しているサインを見逃《みのが》さないようにする。具体的には、麻酔が効《き》いているかどうか、心拍数《しんぱくすう》や血圧《けつあつ》を見ながら、ガスを加減《かげん》していく。麻酔ガスは、酸素《さんそ》に混《ま》ぜて使いますが、もっと麻酔を効かせる場合は、麻酔薬の濃度《のうど》を高くし、麻酔がかかりすぎているというサインをくれたら、濃度を下げる、そうやって逐一《ちくいち》コントロールしていくわけです。

上橋　なるほど。それはモニターで測《はか》るわけですよね。私《わたし》が書く物語の世界には、こういう機械がない場合が多いので、人の目で見て、あるいは人の耳で聴《き》いて、触《さわ》って、感じるというかたちで書かざるをえないんです。

齊藤　いや、でも、そういう五感を使った治療《ちりょう》がいちばん重要なんです。私《わたし》の場合

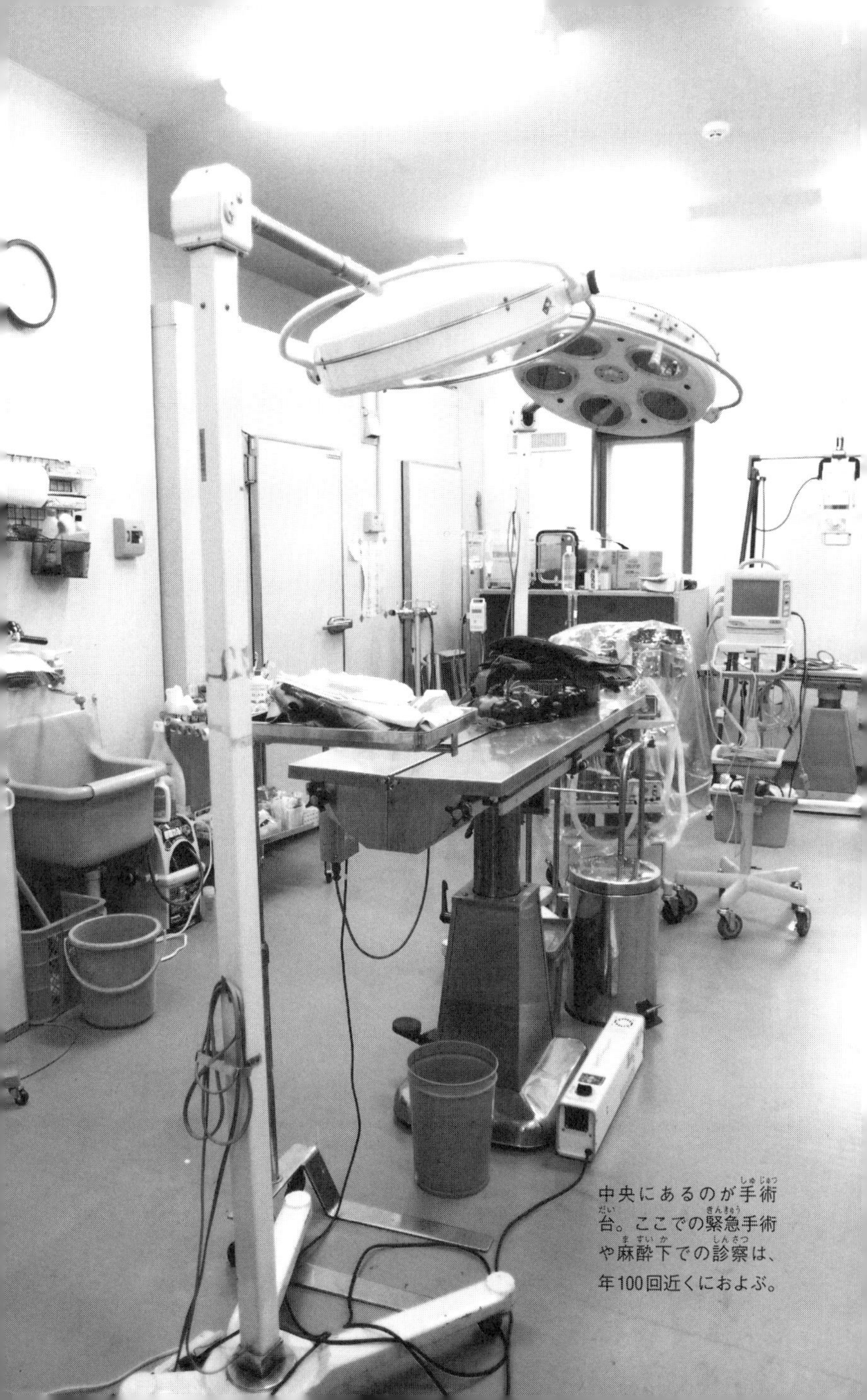

中央にあるのが手術《しゅじゅつ》台《だい》。ここでの緊急《きんきゅう》手術や麻酔下《ますいか》での診察《しんさつ》は、年100回近くにおよぶ。

も、いちばんそれを頼《たよ》りにしています。目で見て視診《ししん》をやり、それから脈を測《はか》り、反射《はんしゃ》を見て、どんな治療《ちりょう》をするかを決める。「これがなきゃ治療ができない」というのは、獣医師《じゅういし》としては失格《しっかく》だと思うので。特に野生動物の獣医師はフィールドで治療しなきゃいけませんから、なにもない状態《じょうたい》でいかに治療できるか、そこが勝負なんです。

傷《きず》ついたオジロワシと対面する

齊藤　そんなお話をしているなかで、ここに一羽《わ》います。

上橋　あ！

齊藤　ケージの奥《おく》にいる、これ、オジロワシなんです。列車事故《れっしゃじこ》にあってしまって、来たときから、右側の翼《つばさ》がもう切断《せつだん》されていたんですよ。昨日手術《しゅじゅつ》をして、抜糸《ばっし》できるまで入院しているところです。

上橋　そうなんですか。

齊藤　今、この鳥は、腹《はら》ばいになっているけれども、なんの気力もなくただぐったりしているかといえば、そうではないんですね。そのことは、ちゃんとこちらを見て、目の焦点《しょうてん》を変えている様子からわかります。われわれを見たり、撮影《さつえい》しているスタッフを見たりして、自分が置かれている状況《じょうきょう》を判断《はんだん》して、立ち上がろうとしている。少しでも自分の意思で動こうとする気力があるかどうかというのは、その個《こ》体《たい》の状態《じょうたい》を知るのには重要なんですね。

上橋　近くで見ると、すごく大きいですね。これほど大きい個体を、こんなに間近で見られるのは、こうやってケージに入った状態だからですよね。

齊藤　ストレスがかからないように、ちょっと目隠《めかく》しをしますね。

上橋　よく鷹匠《たかじょう》が使うものですよね。

齊藤　そうです。鷹匠の人たちが使う「フード」と呼《よ》ばれている目隠しです。オオワシ、オジロワシ、シマフクロウ、クマタカ、種《しゅ》ごとにサイズもちがいます。

上橋　こんなにちっちゃいサイズもある。

齊藤　ちっちゃいタカ用のものです。目隠しをしてやると落ち着くんですよ。

上橋　馬も目隠《めかく》しをすると落ち着くといいますけれども、見えないほうが落ち着くというのは不思議な感じがします。人間だったら、逆《ぎゃく》にストレスになってしまいそうですよね。

齊藤　鳥というのは、本当に「目の動物」なんですよ。飛びながらエサを探《さが》したりするので、目の情報《じょうほう》がとても重要なんです。そのことは頭《ず》がい骨《こつ》のレントゲンを撮《と》るとよくわかります。ほとんど目なんですよ。脳《のう》よりも目が大きい。

上橋　へえ！　フードをかぶせると、耳はどうなりますか。

齊藤　鳥の耳は、人間みたいな外耳《がいじ》がなくて、穴《あな》があいているだけですから、耳も全部これで隠れてしまいます。

上橋　目も耳も両方塞《ふさ》がるということは、つまり外界から遮断《しゃだん》されるわけですね。

齊藤　ですから、体に触《さわ》るときには、驚《おどろ》かせないように「触るよ」と声をかけます。治療《ちりょう》するわれわれにとっても、鳥の目を見るとか口の動きを見るというのは、その鳥がどういう状態《じょうたい》なのかを知る術《すべ》でもあるんです。たとえばこの鳥が食べないのは、食欲《しょくよく》がないからなのか、それともほかに原因《げんいん》があるのか。痛《いた》みを見せないのは、がまんしているからなのか、それとも痛《いた》くないのか。こうしたことを、ちょっとしたしぐさから識別《しきべつ》しなくてはいけない。

上橋　先ほどの話ではないですが、それは機械ではわからないですね。

齊藤　わからないです。それは見て、見続けるしかない。

上橋　しかも経験《けいけん》で見極《みきわ》めるしかない。

齊藤　そうですね。だから野生動物の獣医師《じゅういし》は、診察室《しんさつしつ》にいるだけではダメで、自然の中で健康な状態《じょうたい》でいるときにその個体《こたい》がどんなふうに生きているのか、本来の姿《すがた》を知っておく必要があるんです。

上橋　きっと一から先生がご自身で見つけ出し、考え出してやらなければいけないことがたくさんあったんですよね。

齊藤　そうですね。たとえば猛禽類専用《もうきんるいせんよう》の医療器具《いりょうきぐ》というのはどこにもないので、いろんな治療《ちりょう》のやり方や道具を開発してきました。ちょっとめずらしいものでいうと、うしろにある保育器《ほいくき》です。

上橋　赤ちゃんの。

齊藤　そうです。インキュベーターといわれるものです。酸素《さんそ》をとりいれて、温度と湿度《しつど》を管理できるので、人間の赤ちゃんの保育器《ほいくき》が、鳥たちのＩＣＵ《アイシーユー》（集中治療《しゅうちゅうちりょう》室《しつ》）として使われています。本当に弱っている、重篤《じゅうとく》な状態《じょうたい》のものはここに入れて、われわれも寝泊《ねと》まりしながら看病《かんびょう》します。

上橋　この大きさで入りますか？

齊藤　ギリギリですが、入ります。もともとは人間の病院で使われていたものなんですけれども、買《か》い替《か》えのときにただ廃棄《はいき》してしまうのではなくて、まだ使えるものはゆずっていただいて、この希少種の命をつなぐのを手伝ってくれているというわけです。このインキュベーターも、まさかタカやシマフクロウを助けることになるとは思っていなかったでしょうね。

上橋　人間用に開発されたものでもなんでも、使えるものなら使おうという工夫《くふう》があるということですよね。そこが齊藤先生のすばらしいところ、私《わたし》にとってもたいへん興味深《きょうみぶか》いところです。ある意味、人間の赤ちゃんを助けられるものはシマフクロウも助けられるということですよね。

齊藤　そうですね。ですから、私《わたし》の中では、人間の命と野生動物の命というのは同じ、対等なんですよ。

上橋　先生のおっしゃること、とてもよくわかります。人も獣《けもの》も、森羅万象《しんらばんしょう》の無数の命の中のそれぞれであるということですよね。私も、実はそう思っています。

齊藤　文明を手にして以来、人類はまるで自分たちがすべてを思いどおりにできるみたいにふるまっているけれど、もともとは人間だって、生態系《せいたいけい》の中の野生動物にすぎなかった時代があったはずで、私はその感覚を忘《わす》れてはいけないと思ってるんです。そう考えると「動物を診《み》る」といっても、一方的に「人間が診てやる」のではなくて、同じ生き物同士、どうコミュニケーションするか、どういう関わり方をするかというだけの話なんですよね。

野生復帰《ふっき》を目指して

齊藤　日が暮《く》れる前に、外のケージを見にいくことにしましょう。ここでもまた消毒がありますので、ちょっと消毒液《しょうどくえき》に足をつけていただいて。院内感染《かんせん》したらたいへんなことになるので、感染症対策《かんせんしょうたいさく》がたくさんあるんです。

上橋　大事なことですよね。

齊藤　ここのケージにいるのがオジロワシ、隣《となり》のケージには今、オオワシがいます。

上橋　オオワシは本当に大きいですね。でもオジロワシも大きい。

齊藤　大きいです。羽を広げると両方とも二メートルを超《こ》えます。

上橋　事故《じこ》にあったオジロワシは、あの羽が片方《かたほう》……。

齊藤　そうです。羽が片方ないあのオジロワシは、ケガが治っても、二度と野生に帰すことはできません。私《わたし》たちが出てきた建物に近いケージに入っている動物ほど、ケガの状態《じょうたい》が重く、手厚《てあつ》い看護《かんご》が必要なので、われわれの目がいちばん届《とど》くこのケージに入れています。ここでリハビリを受けて、次のステップに行けるものはちょっと遠いケージに行って、さらに回復《かいふく》するともっと遠いケージに。最終的なゴールである野生復帰《ふっき》を目指して、だんだん人間界から遠ざかっていくようにしているんです。

上橋　なるほど。羽を広げるとまた美しいですね。

齊藤　オオワシは、世界じゅうにだいたい六千羽《ば》しかいないんです。

上橋　六千羽ですか……。

齊藤　しかも地球上のオホーツク海沿岸《かいえんがん》にしかいない。オオワシが生息する場所というのは、日本とロシアしかないので、ワシが集結する日本の責任《せきにん》というのは、とても大きいんです。どうぞ、こちらへ。野生に戻《もど》れるものたちのケージも、ちょっと見てみましょう。このケージは「フライング・ケージ」と呼《よ》ばれています。先ほどのケージとちがうのは、中で飛べるケージなんです。

上橋　ケージの大きさが全然ちがいますね。

齊藤　端《はし》から端まで三〇メートルあります。ここでやるのは、メンタルのリハビリです。入院しているとごはんをもらえますから、ほかを押《お》しのけてもエサを食べるということをしなくなってしまう。そのために、このケージには、野生に戻れないハンディキャップを背負《せお》っているものと、ハンディキャップのない野生に帰れる可《か》能性《のうせい》のあるものをいっしょに入れているんです。この状態《じょうたい》でエサを限《かぎ》られた数だけ与《あた》えると、最初に食べるのは、飛べないものなんですよ。

上橋　なんとなく逆《ぎゃく》のような気がしますけど、そうなんですか。

齊藤　飛べないもののほうが、人に世話をされる機会が多く、ある程度《ていど》人に馴《な》れているので、エサが置かれるとバーッと歩いていく。そうすると飛べるものは、がんばらないとエサをもらえない。そうやって「がんばって必死で生きる」という頭の中の切《き》り替《か》え、メンタルのリハビリテーションをしなきゃいけないんですね。

上橋　個体《こたい》によってちがうとは思いますが、メンタル的なものというのは、だいたい、どれくらいリハビリすると戻《もど》ってくるんでしょうか。

齊藤　軽傷《けいしょう》のものであれば、一週間あれば大丈夫です。

上橋　そんなに早いんですか！

齊藤　ただ、本当に時間のかかる、ひと夏越《こ》えなければいけないものもいますし、体が回復《かいふく》しても、メンタルが回復せず、野生に帰すことができなかったものもいます。気づかなかったかもしれませんが、ここに来る前、私《わたし》は口笛を吹《ふ》いているんですよ。鳥たちがパニックにならないように、口笛によって「私《わたし》だよ」と伝えているんです。

上橋　それを聞いて「あ。先生が来るな」とわかるんですね。ここからだと、どのくらいの距離《きょり》から口笛を吹《ふ》いたんですか。

齊藤　向こうにあるあのガレージのあたりで。

上橋　最初にその個体《こたい》と出会って、治療《ちりょう》を始めたときから、先生のことを口笛で認《にん》識《しき》させておいて、よく知っている人が来たぞと知らせているわけですね。

齊藤　つまり、私はバードウオッチングをしているけれど、彼《かれ》らはマンウオッチングをしている。

上橋　なるほど（笑）。

齊藤　そして野生復帰《ふっき》を目指すものたちの最終段階《さいしゅうだんかい》が、こっちにある奥行《おくゆ》き四〇メートルのエクササイズのケージです。今、三羽《わ》のオオワシが入っています。

上橋　見下ろされていますね。大きいなあ。

齊藤　羽を広げると二メートル四〇センチあります。もうすぐ野生に帰すための飛行訓練中なんです。人間が鳥に飛ぶことを教えるって、とてもたいへんなことですよね。

上橋　本当ですね。どうやってやるんですか。

齊藤　いろんなリハビリの仕方があって、鷹匠《たかじょう》のように腕《うで》にとまらせておいて飛ばすというやり方もあるんですが、ここでは、できるだけ人間と接点《せってん》のない状態《じょうたい》で本《ほん》能《のう》を引きだして飛ばすという方法をとっています。具体的にどうするかというと、こちらの低い止まり木、エサはここに置きます。そうすると向こう側のとても高いポール、一二メートルあるところにいる鳥たちはグライディングをします。つまり、高いところから低いところに行くために滑空《かっくう》するんですね。

上橋　いつもの状態だと高いところにいるほうが好きなんですよね、きっと。

齊藤　そうです。高いところのほうが安心だから。

上橋　でも、ごはんを食べたかったら、ここまで飛んでこなきゃいけない。その要《よう》因《いん》として、ここにエサを置くわけですね。

齊藤　二羽《わ》は今週中に放します。野鳥になります。

上橋　そろそろ卒業なんですね。

齊藤　放すときには発信器をつけていますから、最終的に野生でやっていけなかったら再《ふたた》び保護《ほご》します。やるならそこまでやるということですね。

上橋　保護される率《りつ》というのはけっこうあるものですか？

齊藤　いや、それほどないです。ただ、四回戻《もど》ったものがいます。しかも四回とも、交通事故《こうつうじこ》や鉛汚染《なまりおせん》による衰弱《すいじゃく》など、すべてちがう原因《げんいん》でした。自然界がそれだけ病《や》んでいるということだと思います。

上橋　四つも原因があるということは、野生動物たちが生きづらい原因が、それだけ多様にあるということですものね。

齊藤　そろそろ退散《たいさん》しましょうか。いちばん上のワシがそわそわし始めたので。

上橋　はい。ワシさん、ごめんね。ストレスを与《あた》えてしまって。

齊藤　じゃあ、どうぞこちらへ。シマフクロウを見にいきましょう。

上橋　ぜひ！　私《わたし》は人類学者なので、アイヌの神話で守り神とされている「コタンコロカムイ」の話はよく聞きますが、本物は一度も見たことがないんです。特に生きている個体《こたい》は初めてなので、楽しみです。

野にあるものは、野に帰す

齊藤　ここからがシマフクロウのゾーンになります。近くで見ていただきますね。こちらに来てください。奥《おく》にいます。

上橋　大きいですね。

齊藤　羽を広げるとタタミ一畳《じょう》ぶんくらい。

上橋　タタミ一畳！　今、思ったんですけど、こうして向き合うと、なんだか人に似《に》ていますね。

齊藤　似ていますか？

上橋　鳥の風貌《ふうぼう》って、だいたい中高《なかだか》ですけど、シマフクロウの顔はもっと平面的というか、夜の森で出会ったら、人間がそこにいると思うかもしれない。

齊藤　昔、フクロウがもっといたころの話だと思うんですけど、林道を歩いていたら、子どもがしゃがんでいると思って、近づいたらフワッと飛んだとか、そういう話がいっぱい残っているんですよ。

上橋　ホントにそうだろうなと思います。またやわらかそうな毛ですね（笑）。

齊藤　やわらかいです。とっても温かいです。

上橋　フワッとしている。

齊藤　コタンコロカムイです。

上橋　コタンコロカムイですね、ホントに。初めて会いました。美しいですね。この子は、いくつぐらいですか？

齊藤　この鳥は二歳《さい》です。お父さんとお母さんがいるんですけど、ちょっと見づらいんですが、右側の奥《おく》のほうに巣箱があるの、わかりますか。

上橋　わかります。はいはい。

齊藤　そこで繁殖《はんしょく》しています。お父さんは原因不明《げんいんふめい》の頭部外傷《がいしょう》で、お母さんは交通《こうつう》事故《じこ》で収容《しゅうよう》されて、このケージの中で出会って、夫婦《ふうふ》になって。

上橋　愛の巣があれ？（笑）

齊藤　あれです（笑）。そして、子どもが生まれて、その子どもが今、ご覧《らん》になったあの子です。近々夫婦《ふうふ》ごと野生に戻《もど》すことを考えています。シマフクロウは、昔は北海道《ほっかいどう》のいたるところで見られたらしいのですが、国内に今、百四十羽《ば》しかいないといわれています。

上橋　ものすごい希少種なんですね。

齊藤　だから保護《ほご》するだけではなく、繁殖させる、増《ふ》やすことが重要なんです。

上橋　うまく戻っていけるといいですね。ケージも、もっと威圧感《いあつかん》があるのかと思っていたのですが、木の中に紛《まぎ》れますね。こんなふうに夕日が差すとなおさら、ケージの網《あみ》がないみたいに見えて。

齊藤　釧路は夕焼けが美しいんです。

上橋　本当に。

齊藤　どうぞこちらへ。シマフクロウのチビと母親役の渡邊獣医《わたなべじゅうい》です。

上橋　渡邊先生、はじめまして。

渡邊　はじめまして。

齊藤　野生に帰す鳥は、できるだけ人馴《ひとな》れしないようにするため、名前はつけません。唯一《ゆいいつ》、名前があるのがこのチビちゃんです。生まれつき脳《のう》に障害《しょうがい》のあるチビは、巣立ちできずにいたところを保護《ほご》されました。チビちゃんの場合は、野生で生きることがむずかしいため、約一年かけて、渡邊さんとの間にあえて親密《しんみつ》な関係を築《きず》き上《あ》げるようにしたんです。生後一年目の春、釧路市の環境保護《かんきょうほご》イベントでデビューしたチビは、シマフクロウ界の親善大使《しんぜんたいし》として活躍《かつやく》しています。触《さわ》っていただいてけっこうですので。

上橋　とてもやわらかいですね。

シマフクロウの「親善大使《しんぜんたいし》」チビに触《ふ》れる上橋菜穂子さん。

齊藤　そうなんです。

上橋　ふわふわです。

齊藤　ふわふわなんです。

上橋　今いくつになるんですか。

齊藤　今、四歳《さい》です。チビちゃんが登場すると、子どもたちが目を輝《かがや》かせるんですよ。渡邊獣医師《じゅういし》はチビちゃんのお母さんみたいな存在《そんざい》で、お母さんが許《ゆる》してくれるから、ほかの人も触《さわ》らせてもらえる。誰《だれ》の腕《うで》にでもとまるわけではないんですね。

上橋　実際《じっさい》にこうして間近で見て、触《ふ》れることができたら、子どもたちにとってみると、全然ちがってくるでしょうね。

齊藤　そうなんです。チビを通じて、なかなか目にする機会のないシマフクロウのことを好きになってもらえたら。絶滅《ぜつめつ》の恐《おそ》れがある鳥たちが直面している環境《かんきょう》について、考えるきっかけになればと本当に思います。ちょっとだけ、羽を広げてみるかい？　通常《つうじょう》よりは小さいんですけど、それでもシマフクロウの大きさをちょっと。

上橋　ぜひ見せてください。おおー。立派《りっぱ》な翼《つばさ》！

齊藤　今、渡邊さんが腕《うで》を持ち上げたことで。
上橋　広げたんですか。
齊藤　はい。
上橋　それが合図なんですね。本当に大きい。もうチビじゃないね（笑）。
齊藤　保護《ほご》したときは、本当に小さい、真っ白いヒナだったんですよ。脱水症状《だっすいしょうじょう》で干《ひ》からびる寸前《すんぜん》のところを保護したんです。野生で生きることがむずかしかったから、あえて特殊《とくしゅ》な飼《か》い方《かた》をしたけれど、シマフクロウであることを忘《わす》れないよう、シマフクロウを見せて、その声を聞かせながら生活させているんですよ。
上橋　あー、チビちゃんに会えて、うれしい。今日、もしかしたら会えるかな、会えたらいいなあと思っていたので。もう一回だけ、ちょっと……。
齊藤　どうぞどうぞ。
上橋　本当にきれいな目をしていますね。やはり近くで触《ふ》れあうというのは、人間にとってもまた大きくちがう経験《けいけん》ですね。大いなる他者だけれど、近い他者でもあるように変わる。そんな気がします。

釧路《くしろ》湿原《しつげん》野生《やせい》生物《せいぶつ》保護《ほご》センターに運びこまれる野鳥《やちょう》たち（一例）

オオワシ

全長85～94cm。繁殖地《はんしょくち》は、オホーツク海北部沿岸《ほくぶえんがん》に限《かぎ》られる。冬季には越《えっ》冬《とう》のため、北海道東部に数多く飛来する。国の天然記念物。

オジロワシ

全長69～92cm。成長すると尾《お》が白くなるのが特徴《とくちょう》。冬季には、北海道のほか、本州などでも見られる。国の天然記念物。

シマフクロウ

全長60～72cm。世界最大級のフクロウ。アイヌ語で、コタンコロカムイ（集落を守る神様）と呼《よ》ばれる。国の天然記念物。

クマタカ

全長72～80cm。日本では、北海道から九州の山地の森林地帯に生息する。森林生態系《しんりんせいたいけい》の頂点《ちょうてん》に立ち、「森の王者」と呼ばれる。

第一章

なぜ物語を描《えが》くのか

齊藤《さいとう》慶輔《けいすけ》さんから

上橋《うえはし》菜穂子《なほこ》さんへ

〈獣医学的《じゅういがくてき》な監修《かんしゅう》をしてほしいという依頼《いらい》を受けて、上橋さんの原稿《げんこう》を読ませていただいたのは、私《わたし》が、山の中でワシの生態調査《せいたいちょうさ》をしているときでした。野宿しているテントの中で読んだのですが、獣医師《じゅういし》でもなく、医療《いりょう》の直接《ちょくせつ》の関係者でもないにもかかわらず、とても臨場感《りんじょうかん》あふれる場面が描《えが》かれていることに驚《おどろ》きました。

どこまでお返事を書いていいのか迷《まよ》いましたが、やはり野生動物の獣医師としての意見・アドバイスを求められていると思ったので、質問《しつもん》されたことだけではなく、基本的《きほんてき》にこれはまず説明したほうがよろしいのではないかということまで、かなり詳細《しょうさい》に書かせていただいた記憶《きおく》があります。

対談の依頼《いらい》をふたつ返事でお引き受けしたのは、あのとき、上橋さんが描《えが》かれた物語を読みながら、自分とどこか共通する、なにか響《ひび》くものを感じていたせいかもしれません。本当に私《わたし》でいいのかなと驚《おどろ》きながらも、いつかお会いしたい、お会いできるんじゃないかなと、心のどこかで思っていました。

上橋さんに、私が目《ま》の当《あ》たりにしている現実《げんじつ》を見てほしい。

そんな思いもありました。そしてなにを感じたのかを聞いてみたかった。

野生動物の獣医師《じゅういし》として、私は、毎日毎日、現実しか見ていない人間です。ずっと現実だけを見てきた。いっぽう、上橋さんの場合、現実を透《す》かして、想像《そうぞう》の世界という別の世界をもうひとつ見ている。そうして描かれた物語が、今度は現実を考えるときの示唆《しさ》となり、警鐘《けいしょう》を鳴らしていることにも、とても感銘《かんめい》を受けました。

なぜそんな物語を描けるのか。

ざっくばらんに、そのことをお聞かせいただけたら、うれしいです〉

想像《そうぞう》すること、現実《げんじつ》を見つめること

齊藤先生が、お忙《いそが》しいなか野宿しながら私《わたし》の原稿《げんこう》を読んでくださったのかと思うと、いまさらながら、申《もう》し訳《わけ》ない気持ちでいっぱいです。とても誠実《せいじつ》にお答えくださったことに、あらためて感謝《かんしゃ》いたします。あのときの齊藤先生の回答は、読みながら感激《かんげき》せずにはいられない、本当にすばらしいものでした。

先生に読んでいただいた「秘《ひ》め事《ごと》」（『獣《けもの》の奏者《そうじゃ》 外伝《がいでん》 刹那《せつな》』所収《しょしゅう》）の主人公、エサルは「獣《けもの》ノ医術師《いじゅつし》」という、獣医師《じゅういし》のような仕事をしている女性《じょせい》です。彼女《かのじょ》が山で動物を観察する描写《びょうしゃ》に違和感《いわかん》がないか。動物の行動から薬を発見する描写に違和感がないか。それから動物実験をする描写に違和感がないか。

大きくこの三点についてうかがったと思うのですが、とりわけ印象に残っているのが「物語に登場するシカに似《に》た生き物に寄生虫《きせいちゅう》がいた場合、その動物の目の白目の部分に黄疸《おうだん》が出ているのに気づくというのはありえるのか」という質問《しつもん》に対する先生からの回答で、ズバリ「シカは、ほぼ黒目です」と。

はー、ホントだ！「シカは、ほぼ黒目」だよね。

うかつにも、私《わたし》は、目の前にシカがいたら絶対《ぜったい》にそうは思わないだろう、基本的《きほんてき》なことを見落としていたのです。「現場《げんば》を知らない」というのは、つまりこういうことかと。あのときは、自分の盲点《もうてん》を突《つ》かれた気がしました。

さて困《こま》った。じゃあ、なにを見て「黄疸《おうだん》」だと気づくことにしたらいいのだろう。

人間でも、手のひらが黄色いだけでは

実際《じっさい》に、動物に向き合わなければ、わからないこともある。

みかんの食《た》べ過《す》ぎということもあるかもしれない。でも白目にそれが表《あらわ》れている場合は、黄疸《おうだん》だと考えると聞いたことがあって、それで最初にそう書いてしまったのですが、ご指摘《してき》のとおり「シカは、ほぼ黒目」ですから、この診断方法《しんだんほうほう》は使えません。

医学的には素人《しろうと》の私《わたし》が、次に思いついたのは「糞尿《ふんにょう》を見て察知すること」でしたが、糞尿ではわからないという。寄生虫《きせいちゅう》のライフサイクルによっては、目に症状《しょうじょう》が出てこないものもある……そんなふうに、齊藤先生は、ひとつの質問《しつもん》に答えるとき、そこから連鎖《れんさ》するさまざまな事例を挙げながら、じつに詳細《しょうさい》に説明してくださいました。

先生の回答を読みながら、私は、本物の野生動物の獣医師《じゅういし》とはこういうものかと、現場《げんば》からのナマの声を聞く思いがしたのです。

ひとつのことから発して、まるで網《あみ》の目《め》が広がっていくように、もれなくいろいろなことが思い起こされている。その視点《してん》の確《たし》かさ、知識《ちしき》の豊富《ほうふ》さからは、筋金入《すじがねい》りの学者脳《がくしゃのう》を感じました。しかもそれはフィールドワークを重ねた経験《けいけん》に裏打《うらう》ちされている。
いつしか単なる監修《かんしゅう》という枠《わく》を超《こ》えて、まるで物語の中のエサルと直接《ちょくせつ》対話して
いるような不思議な気持ちがしました。
自分が描《えが》いた物語を、実際《じっさい》に野生動物を診《み》ている獣医師《じゅういし》がどう読むのか。
それを知ることは、私《わたし》にとって、とてもとてもエキサイティングな体験だったの
です。

上橋菜穂子の本

『獣《けもの》の奏者《そうじゃ》』

（全5巻）

『獣の奏者Ⅰ　闘蛇編《とうだへん》』
（画／浅野隆弘《あさのたかひろ》　講談社《こうだんしゃ》）

リョザ神王国《しんおうこく》の闘蛇村《とうだそん》に暮《く》らす少女エリンの幸せな日々は、闘蛇を死なせた罪《つみ》に問われた母との別れを境《さかい》に一転する。母の不思議な指笛によって死地を逃《のが》れ、蜂飼《はちか》いのジョウンに救われて九死に一生を得たエリンは、母と同じ獣《けもの》ノ医術師《いじゅつし》を目指す。やがて、決して人に馴《な》れない孤高《ここう》の獣《けもの》・王獣《おうじゅう》と心を通わせあう術《すべ》を見いだしてしまったエリンは、王国の命運を左右する戦いに巻《ま》き込《こ》まれていく――。

命とはなにか。命あるものが生きて、死んでいくとはどういうことなのか。思えば、私《わたし》はそのことを繰《く》り返《かえ》し物語の中で描《えが》いてきました。きっと、齊藤先生も、毎日毎日、野生の動物たちと向き合いながら、そのことを何度となく問い続けてこられたのではないでしょうか。

齊藤先生がくださったお返事には、百戦錬磨《ひゃくせんれんま》の現場《げんば》をくぐりぬけてきた人ならではの真摯《しんし》な言葉が詰《つ》まっていました。

示唆《しさ》に富《と》んだご指摘《してき》からふくらんだいくつものアイデアがあり、たくさん書き直しました。あの物語が少しでも良いものになっているとしたら、それは、齊藤先生というリアル『獣の奏者』、「獣ノ医術師」のまなざしを持つ方と出会えたからだと思っています。

作家脳《さっかのう》と学者脳

私の描く物語は、ジャンルでいうと「異世界《いせかい》ファンタジー」と呼《よ》ばれています。

私《わたし》は、そもそもジャンル分けされることがあまり好きではありません。物語を描《えが》くときに「おもしろい物語を描きたい」と思うことはあっても、ジャンルを意識《いしき》したことはないからです。ファンタジーなんて子ども向けだと思っている人もいるけれど、自分が描いた物語を「子ども向け」だと思ったこともありません。

大人も、子どもも、年齢《ねんれい》は問わず、読める人全員に読んでほしい。

たとえば『鹿《しか》の王《おう》』には細菌《さいきん》や免疫学《めんえきがく》の話が出てくるので、大人でも「むずかしくて読めない」とおっしゃる人がいます。でも、いっぽうで小学六年生の子が「おもしろくって四回も読みました」と、うれしい感想を言ってくれたりする。子どもというのは、物語がおもしろければ、どんどん読んでくれるものなのです。

だから、私は、なによりもまずおもしろい物語が描きたいと思う。

ただ、異世界《いせかい》を舞台《ぶたい》にしたファンタジーの場合、現実離《げんじつばな》れした空想物語のように思われがちで「ファンタジーだからなんでもアリでしょ」みたいに言われると、それはちがうと言いたくなります。

特に、命あるものの生き死にに関わることで、うそはぜったいに書きたくないと思ってしまう。

人であれ、獣《けもの》であれ、その命がどう生きて、どう死んでいったのか。その経緯《けいい》に少しでも現実《げんじつ》と異《こと》なる「作者の都合《つごう》から生じるうそ」があれば、物語自体がとたんに意味をなくしてしまうような気がするのです。


私《わたし》は、作家であり、文化人類学者でもあります。二十年にわたって、現地《げんち》でのフィールドワークを繰《く》り返《かえ》しながら、オーストラリアの先住民アボリジニの研究をしてきました。

言ってみれば、私の頭の中の半分は作家脳《さっかのう》、あとの半分は学者脳でできていま す。つまり、作家として「とにかくおもしろい物語を描《えが》きたい」と思いながらも、実は現実社会に対する興味《きょうみ》がものすごくあって、この現実世界がどのように成り立ち、私たちはどんな存在《そんざい》なんだろうと問いかけずにはいられないのです。

私が描く物語は、そうやって私の中の作家脳と学者脳がせめぎあい、リンクしあいながら、共同作業をして生まれるのだと思います。

物語は、どうやって生まれるのか

具体的な例を挙げることにしましょう。

『精霊《せいれい》の守《も》り人《びと》』を、どんなふうにして書いたのか。

最初のきっかけは、思いがけないときにやってきました。

私《わたし》は、アメリカのテレビドラマが好きで、レンタルしてはよく観《み》ていたのですが、そうするとだいたい冒頭《ぼうとう》にいくつか予告編《よこくへん》が入っていますよね。その中に中年のおばさんが、燃《も》えさかるバスの中から、男の子の手をひいて降《お》りてくる映像《えいぞう》があって、それを観た瞬間《しゅんかん》に「あ。おばさんが男の子を守って、旅をする話が書きたい！」と思ったのです。

なんでそんなことがひらめいたのか、自分でもよくわからない。

わからないけれども、天啓《てんけい》のように降《ふ》ってきたそのアイデアは、一瞬《いっしゅん》にして私をとらえ、もはや画面なんてそっちのけで、ああでもない、こうでもない、頭の中で物語が走り出していたのです。

あのおばさんが手をひいてる男の子は、たぶん、彼女《かのじょ》の子ではないな。だって男の子は、けげんそうな顔をしてるし。あの子の名前は……チャグム。そう、チャグムだ！　というふうに、名前も同時に浮《う》かんできました。

私《わたし》の場合、いつもそうで、最初に音や匂《にお》いまでともなった印象的な映像《えいぞう》が見えます。

それは、これから描《えが》こうとしている物語のワンシーンなのです。

これって、どんなシーンなんだろう。いったい、ここでなにが起こっているのだろう。

そこにいる人たちの表情《ひょうじょう》、差している光の加減《かげん》、全体にただよう気配、そういう細部に目を凝《こ》らし、読《よ》み解《と》いていく。それはデッサンに似《に》ているかもしれません。頭の中に見えている映像をもとに、最初のラフスケッチをし、そこから詳細《しょうさい》に描写《びょうしゃ》を重ね、書きすぎたところは消していく。

なぜ、そういう映像が浮かんでくるのか、自分でもわからない。

逆《ぎゃく》にいうと、映像《えいぞう》が思い浮《う》かばないうちは、いくら編集者《へんしゅうしゃ》さんにせっつかれても、書きだすことができないのです。

とはいえ、最初にパッとひらめいたワンシーンは「物語の種」のようなもので、そこからどんな花が咲《さ》くのかは、私自身《わたしじしん》、まだこのときにはわからないのです。

『精霊の守り人』の場合、次のひらめきは、ある日、昼寝《ひるね》して目覚めたときにやってきました。

頭の中に「ちがう生態系《せいたいけい》」という言葉が、ふいに浮《う》かんだのです。まったく生態系が異《こと》なるふたつの世界が、出合ったらどうなるのか。

それで思い起こしたのが、カッコウの托卵《たくらん》のイメージでした。

ご存《ぞん》じのように、カッコウという鳥には不思議な習性《しゅうせい》があって、自分が産んだ卵《たまご》を、ほかの鳥に育てさせる。そのために、あえてほかの鳥の巣に卵を産む。

あの男の子が、生態系の異なるなにかにそれをされてしまったらどうなるのだろう。

しかも卵《たまご》を産みつけられたあの子が、その共同体で神のごとき立場にある人物の息子《むすこ》だとしたら？

さて、この父親は、わが子をどうするだろう――と。

まるで導火線《どうかせん》に火がついたみたいに、一気に物語がふくらんだのは、もしかしたら大学院時代、ずっと「穢《けが》れ」の研究をしていたせいかもしれません。お通夜《つや》に出たあと、塩でお浄《きよ》めをしますよね。あれは「死の穢れ」をはらっているわけです。「穢れ」は、その共同体に災厄《さいやく》をもたらすと考えられることもあり、「穢れ」を受けたものは、浄めたり、遠ざけられたり、排除《はいじょ》されたりしてきました。死や病、あるいは女性《じょせい》の生理や出産も「穢れ」の対象になった。

ちなみに、私《わたし》の卒論《そつろん》のテーマは「産《さん》の忌《いみ》」でした。

世界じゅう、さまざまなところで、お産を「血の穢れ」とする考え方があって、命を生みだすたいせつなものなのに、なぜだろうと不思議に思っていたのです。

こういうことが頭の中で次々に連なって『精霊の守り人』では、精霊《せいれい》の卵《たまご》を産みつけられたチャグムは、新《しん》ヨゴ皇国《おうこく》の第《だい》二皇子《おうじ》でありながら追われる身となります。あわや危機《きき》一髪《いっぱつ》のところを救ったのが、偶然《ぐうぜん》そこに居合《いあ》わせてしまった女用心《おんなようじん》棒《ぼう》のバルサでした。

——最初にひらめいたあのワンシーンが、ここに、しっかりとした意味を持って立ちあらわれてきたのです。

ここまでくると、お話は勝手にどんどん浮《う》かんでくるので、私《わたし》は、プロットというものを立てたことがありません。バルサの声も聞こえてくるし、体温を感じることもできる。なんでそんなことが起こるのか、理屈《りくつ》はわからないし、どうすればできるのかときかれても答えられないのですが。

ただ、物語全体のたたずまいのようなものが、ぼんやりと見えてくる。

そうなったら、あとはもう、自分の中の作家脳《さっかのう》と学者脳がああでもない、こうでもないとせめぎあうのに任《まか》せて走り出すだけなのです。

走り出した物語は、野生の獣《けもの》に似《に》ている

いったん走り出した物語は、野生の猛々《たけだけ》しい獣のようです。

これは、なんというか、私《わたし》の実感です。

物語って、本当に、生きてるんですよ。

それも毅然《きぜん》とした生き物で、「そうじゃない」となったら、頑《がん》としてこちらの行きたいようには行かせてはくれない。自分ではこう書きたいと思っていても「ありえないぞ」と声がして、あらぬ方向に行ってしまう。まるで制御《せいぎょ》しがたい野生の獣と格闘《かくとう》するかのように、書きながら、私は、物語と対話しているのです。

ピッチャーがいい球を投げたときって、キャッチャーミットがパーンといい音がしますよね。物語が死んでいると、あの音が鳴らないんです。

『蒼路《そうろ》の旅人《たびびと》』を書いたときがまさにそうで、書き上げるまでかなりの難産《なんざん》でした。理由は自分でもわかっていて、あのときは途中《とちゅう》で博士論文《はくしろんぶん》を書くために一時中《ちゅう》

断《だん》しなければならなかったので。執筆《しっぴつ》に戻《もど》ってみたら、最初に物語が生まれたときのたたずまいが、あとかたもなく霧散《むさん》してわからなくなってしまった。

こうじゃない、こんなんじゃない、鳴らない、生きてない……。

書きながら自分でもわかるわけです。物語が「まだ生きてないぞ、鳴ってないぞ」って怒《おこ》ってる感じがする。

悩《なや》んで悩んで、時には煮詰《につ》まって立ちどまったりしながら、それでも書き続けているうちに「そうだ。これだ！」とわかって、そのとたん、サーッと霧《きり》が晴れるよ

上橋菜穂子の本

「守《も》り人《びと》」シリーズ

（全12巻）

『精霊《せいれい》の守《も》り人《びと》』
（画／二木真希子《ふたきまきこ》　偕成社《かいせいしゃ》）

女用心棒《おんなようじんぼう》バルサは、ふとしたことから新《しん》ヨゴ皇国《おうこく》の皇《おう》子《じ》チャグムを助ける。しかし、彼《かれ》は〈精霊の守り人〉だった。非情《ひじょう》の世界を生きるバルサと、精霊の卵《たまご》を宿したため、父である帝《みかど》にうとまれ、さらに異界《いかい》のモノに追われる身となったチャグム。ふたりの運命を軸《じく》に、人の世〈サグ〉と精霊たちの世〈ナユグ〉が重なりあい、無常《むじょう》に移《うつ》り変《か》わっていく世界と、大きな力に翻弄《ほんろう》されながらも懸命《けんめい》に生きる人々が描《えが》かれる。

うに道が見えてきた。不思議なものでそうなると今度は、あっという間に書き上げることができたのです。

物語が持つ力

現実《げんじつ》と照らし合わせて「やはり、人間はこういうものだ」と描《えが》く作家もいます。悲惨《ひさん》な出来事に「人間はこうでしかない」と嘆《なげ》くこともできるでしょう。実際《じっさい》、世の中を見回せば、目をそむけたくなるような、痛《いた》ましい現実がいくらでもあふれているし、そちらのほうが真実で、人間の本質《ほんしつ》をとらえているといわれると、そんな気がしてきます。

反対に、私《わたし》のように「自分もこうあれるかもしれない」という姿《すがた》を描こうとすれば、夢見《ゆめみ》がちな理想主義者《りそうしゅぎしゃ》だと思われてしまいそうです。

でもそうでしょうか。

本当はこうありたいと思い描くことで、人は、その先を目指し、思うに任《まか》せない現実《げんじつ》を乗《の》り越《こ》えてきた。こうあれたらと思う姿《すがた》を描《えが》けること、それこそが物語の力だと思うのです。

人間が築《きず》いているこの世界というのは、ひとつほつれると、気がつかなかったさまざまなところに影響《えいきょう》が出てくる。緻密《ちみつ》な網《あみ》の目《め》のように、お互《たが》いにつながりあい、影響しあっている。

ほころびの原因《げんいん》がなにかあったとして、それをやめれば、万事解決《ばんじかいけつ》というわけにはいかない。それをやめたことで、今度は別のゆがみが生じてくる。

人間が作り上げたにもかかわらず、人間が見えていない盲点《もうてん》が大量にあるわけです。

だから私《わたし》は、いわゆる正義《せいぎ》の味方は描きたくないんですね。

どちらかが正しくて、どちらかがまちがっているということは、現実にはありえないのではないか。どんなに悲惨《ひさん》な出来事であれ、悪意だけがもたらしたとはいえない気がするのです。原因は、けっしてひとつではない。なにかが起こった背景《はいけい》には、さまざまに影響しあう、複雑《ふくざつ》な要因《よういん》がからみ合っています。

だから私《わたし》が描《えが》く物語の主人公は、みな、迷《まよ》う人《ひと》です。

バルサも、チャグムも、迷いながら歩き続ける。

バルサは、まさに私です。

こうなりたい私、こうあれたらという願いそのものです。

私は、こういうプロフェッショナルな女が好きなんだなと書きながら思いました。

子どものころ、体が弱かった私は、あんなふうに強くなりたかった。

彼女《かのじょ》の強さは、でも短槍《たんそう》の達人というだけではない。つらいこと、悲しいことをくぐりぬけてきた経験《けいけん》が、彼女を強くしている。幼《おさな》くして天涯孤独《てんがいこどく》の身になったバルサ自身が、誰《だれ》かに守られ、助けられてきたからこそ、チャグムに出会ったとき、今度は守る側の人になれたのだと思うのです。

第二章

なぜ治したいと思うのか

上橋《うえはし》菜穂子《なほこ》さんから

齊藤《さいとう》慶輔《けいすけ》さんへ

〈野にあるものは、野にあるように〉

これは『獣《けもの》の奏者《そうじゃ》』の主人公・エリンの言葉であり、私自身《わたしじしん》、そう思ってきました。そして齊藤先生は、現実《げんじつ》にそれを実践《じっせん》されている方だと思うのです。

先生に読んでいただいた『秘《ひ》め事《ごと》』（『獣《けもの》の奏者《そうじゃ》 外伝《がいでん》 刹那《せつな》』所収《しょしゅう》）の主人公エサルも、また獣《けもの》ノ医術師《いじゅつし》という、獣医師《じゅういし》のような仕事をしています。

エサルは、パミという実験動物として飼《か》われている獣の命を救おうとするのですが、この獣の命は大変短くて、もし治療《ちりょう》したとしても、すぐに死んでしまう。それでもエサルは助けたいと願うのです。エサルは、思います。

人の一生だって、神々から見れば、あっという間。パミも自分も猛獣《もうじゅう》も、誰《だれ》もがみな、生まれたときに定められた檻《おり》の中で生きて、死んでいく。

自分には、このパミがなにを喜びとするのか知りようもないけれども、苦しみを癒《い》やして野に放してやれたら、長いこと箱の中で使役《しえき》したことへの償《つぐな》いはできるだろう。

たとえ病を癒やしても、パミは礼を言わない。それが獣ノ医術師のいいところだ。自分がなんのために病を癒やしているのかを見誤《みあやま》らずにすむ。病を癒やすのは、人に頼《たの》まれたからではない。自分がそうしたいからやっている。病が癒え、痛《いた》みが消えたその姿《すがた》が見たいからやっているのだと。「獣ノ医術師である」とはどういうことなのか。私《わたし》なりに精《せい》いっぱい想像《そうぞう》しながら描《えが》いたらこうなりました。

なぜ人は、人だけが、傷《きず》ついた他者を治したいと思うのか。

いずれ死んでしまう命なのに、どうして見捨《みす》てることができないのか。

齊藤先生は、どう思われますか〉

野生の鳥たちの心を読み取る

私《わたし》は、猛禽類《もうきんるい》を専門《せんもん》に診《み》ていますが、もし目の前に弱った動物がいたら、ワシやタカはどう思うのか。おそらく「しめた。コイツは襲《おそ》って、食べられるぞ」と思うにちがいありません。「おいしそう」と思うことはあっても「かわいそう」とは思わないでしょう。まして「治そう」だなんて思いもしない。そんなことを思うのは、おそらく人間だけです。

なぜ、人間だけが、傷《きず》ついた他者を治そうとするのか。あらためて考えてみると、なるほど、不思議な話です。

私は、最初から野生動物を専門《せんもん》にしていたわけではありません。大学を卒業後は、都内の動物病院で犬や猫《ねこ》を診ていました。釧路湿原野生生物保護《くしろしつげんやせいせいぶつほご》センターに着任《ちゃくにん》したのは、二十九歳《さい》のときです。

野生動物の獣医師《じゅういし》の場合、治療《ちりょう》して終わりではないんですね。傷《きず》が癒《い》えた鳥を、もう一度、野生に帰すことが最終的なゴールになります。そこが、飼《か》い主《ぬし》のいる犬や猫《ねこ》とは大きくちがうことかもしれません。

鳥獣《ちょうじゅう》保護法《ほごほう》では、すべての野生鳥獣が救護《きゅうご》の対象とされています。とくに絶滅《ぜつめつ》のおそれがある猛禽類《もうきんるい》は、種《しゅ》の保存《ほぞん》を考え、どんなに重篤《じゅうとく》な状態《じょうたい》であっても、とにかく助けることになっているのです。目の前の一羽《わ》を助けることは、その種を絶滅から救うことにつながるからです。

目の前で苦しんでいる鳥たちを見れば、なんとしても助けたいと思う。でもそれは「かわいそうだから」という気持ちだけではないんですね。目の前の一羽の向こうに、これから傷つくかもしれない、たくさんの鳥たちのことを考えずにはいられない。彼《かれ》らが傷ついたり、死んだりしてしまう原因《げんいん》は、人間であることも多い。治療するときに「自分が治してやる」という、どこか上から目線の気持ちになれないのは、そのせいかもしれません。猛禽類という種と人間という種として、対等に向き合っているという感じがするのです。

自然の中で生《い》き抜《ぬ》いてきた彼《かれ》らは、べつに人間が放っておいたって、命の限《かぎ》り、せいいっぱい生きようとするでしょう。獣医師《じゅういし》である私《わたし》にできるのはその手助けをすることだけ。彼らも自分も、本来は、この地球上で生きている野生動物なんだ、同じ命と命として関わっているんだという気持ちを忘《わす》れたくないのです。

日本じゅうを見渡《みわた》しても、野生動物を専門《せんもん》に診《み》る獣医師というのは、あまり例がありません。この二十年間は、教科書もお手本にする前例もないなか、まさに一から の試行錯誤《しこうさくご》の連続でした。

野生の動物というのは、どんなに傷《きず》ついていたとしても、決して弱みを見せません。人間が近くにいればなおさら、最後の気力を振《ふ》り絞《しぼ》ってでも、がまんするんです。本当は痛《いた》いときでも、全然痛くないふりをして、そっぽを向いている。治療《ちりょう》にあたっては、まず彼らががまんしている痛みを、こちらが察知してやらなければなりません。

野生動物の心を知るためには、野生動物が発しているいろんなシグナルをきちっととらえることが重要です。それは声だけではなくて、しぐさであったり、ちょっとした身の素振《そぶ》りだったりします。

たとえば、本当は痛《いた》いんじゃないかというところをあえてポンと触《さわ》る。それで「痛いっ！」と声をあげてくれれば、わかりやすいのですが、鳥たちは人間にわかる言葉をしゃべってはくれません。このときに、相手がどういう反応《はんのう》をするかを、見るわけです。そうすると、口をモグモグさせることがある。これは「代償行動《だいしょうこうどう》」といって、食べるしぐさをすることで痛みをちがうものに置《お》き換《か》えているんです。それで「あ、本当は痛いんだな」とわかる。そうやって相手から情報《じょうほう》を引き出すわけです。

反対に、私《わたし》の思っていることを動物に伝えなきゃいけないこともあります。一刻《いっこく》も早く治療《ちりょう》しなくてはなりませんから、まずは「動くなよ」と。このときは目ヂカラが重要です。顔を見て「動くなよ」という気迫《きはく》。

そんなことでわかるのかと思われるかもしれませんが、これは絶対《ぜったい》に伝わります。理屈《りくつ》じゃなくて、実体験です。言葉の通じない相手に、自分の思っていることを伝えるには、ボディランゲージがとても有効《ゆうこう》なんです。

相手に触《ふ》れるときも、動いてほしくないからといって、力まかせに押《お》さえてはだめなんですね。足をギュッと持ちすぎると、相手は、なにかされるんじゃないかとおびえて、バタバタあばれはじめる。そうじゃなくて、ゆっくりやわらかく持って、相手が動こうとした瞬間《しゅんかん》にちょっと力を加える。そうすると「あ、動くなよ、だ。動いたら、つかまれるんだ」とわかって、おとなしくなります。

上橋さんは、古武道《こぶどう》をやってらっしゃったんですよね。

私《わたし》も古武道をやっていたことがあるのですが、猛禽《もうきん》も人と同じような体の構造《こうぞう》をしてるところがあります。だから、ワシの第一指を持って、足首に関節をつけてしまうと動けなくなるんですよ。ワシに、ちょっとした関節技《かんせつわざ》をかけてやるというわけです。

相手の体の構造《こうぞう》をよくわかっていると、そういう勘《かん》どころみたいなことがなんとなくわかってくるんですね。とはいえ、油断大敵《ゆだんたいてき》。ワシなんかは動こうとすると、ものすごい力で動きますから。怖《こわ》いですし、万一、爪《つめ》やくちばしがかかったりしたら、皮膚《ひふ》なんて簡単《かんたん》に貫通《かんつう》してしまいます。

この仕事を始めて間もないころ、私自身《わたしじしん》、たいへんな目にあったことがありました。

脚《あし》の骨《ほね》を折ったオオワシを手術《しゅじゅつ》することになり、骨《ほね》を折っているのだから、大

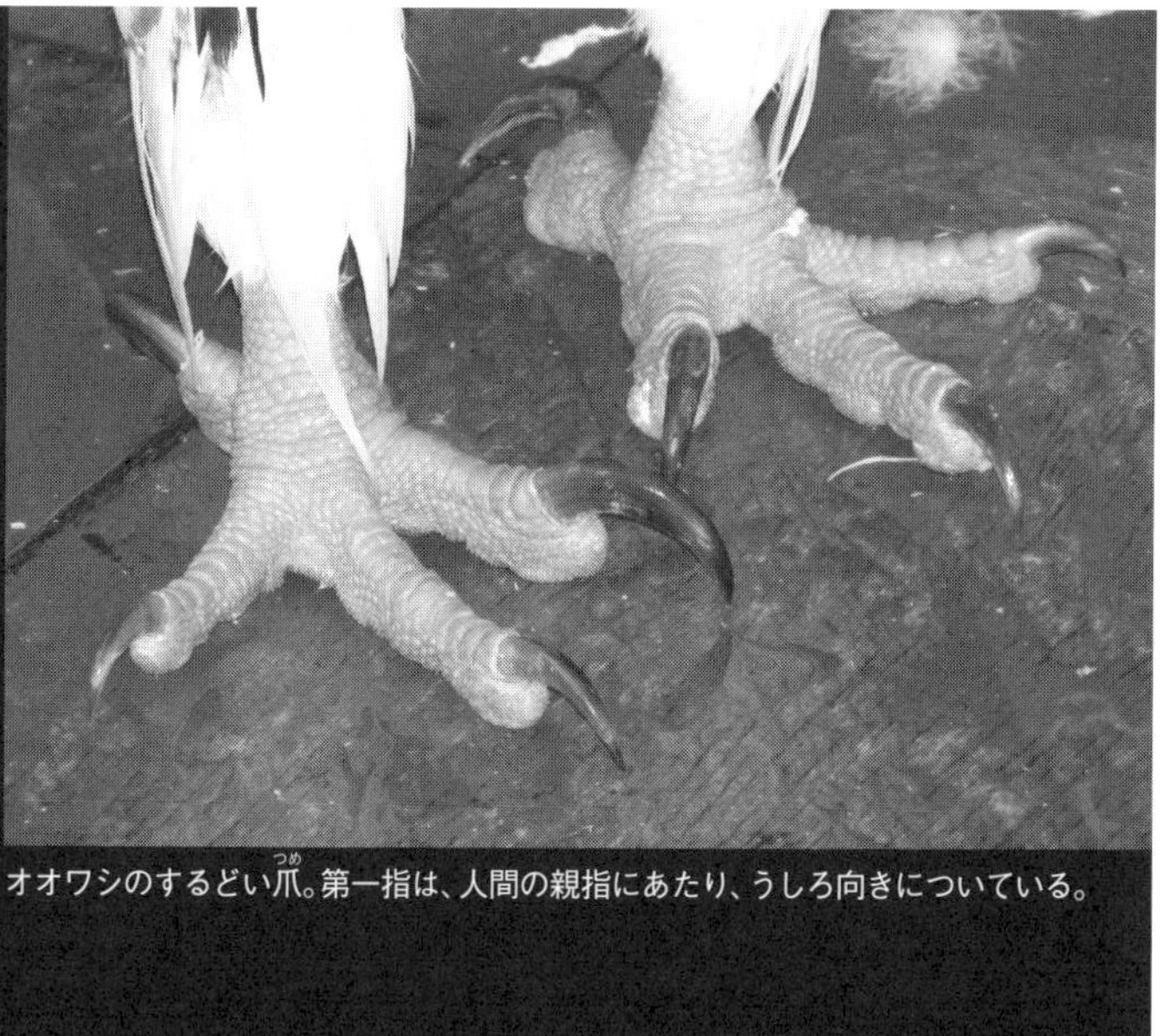

オオワシのするどい爪《つめ》。第一指は、人間の親指にあたり、うしろ向きについている。

きく脚《あし》を動かすことはないだろうと、通常《つうじょう》はバンドで脚を固定するのに、しなかったのです。あっと思ったときには、オオワシのするどい爪《つめ》が両方の手首を貫通《かんつう》し、静脈《じょうみゃく》を傷《きず》つけていました。

間一髪《かんいっぱつ》で切《き》り抜《ぬ》け、最悪の事態《じたい》はまぬかれたけれど、治療《ちりょう》にあたっている私《わたし》のほうがあわや失血死するところでした。どんな状態《じょうたい》であれ、相手はするどい爪とくちばしを持つ猛禽類《もうきんるい》であることを、忘《わす》れてはいけない。

鳥の心を読み取りながら治療にあたっていても、目で見て、観察して、相手から引き出すだけでは、やはり限界《げんかい》がある。そうした苦い経験《けいけん》からも学び、次につなげることで、野生の鳥がどういうものか、彼《かれ》らから教えてもらうのです。

専用《せんよう》の道具たち

猛禽類医用の手袋《てぶくろ》も、これまでの経験が生かされた専用《せんよう》の道具のひとつです。素材《そざい》は、キョンという小型のシカのやわらかくて薄《うす》い革《かわ》を使っています。指先に継《つ》ぎ目《め》がないので、手袋《てぶくろ》をはめたままで細かい触診《しょくしん》を行うことができる。見ていただいてわかるとおり、手首がものすごく太く作られているのが特徴《とくちょう》で、万一、ワシやタカにつかまれてしまったときでも、そのままスポッと脱《ぬ》げるようにできています。

脱げやすい手袋がほしいだなんて、もしかしたら世界じゅうで私《わたし》だけかもしれない。

しかも洗《あら》って干《ほ》せば、元どおり、同じ状態《じょうたい》で使うことができる優《すぐ》れものです。

聴診器《ちょうしんき》も、本当に繊細《せんさい》な音まで増幅《ぞうふく》して聞くことができる電子聴診器を使っていて、これで鳥にしかない気嚢《きのう》の音を聴《き》いています。

双眼鏡《そうがんきょう》も、野生動物の獣医師《じゅういし》に欠かせない道具のひとつです。

野生の動物を相手にしている以上は、こちらも治療室《ちりょうしつ》にこもって、治療していればそれでいいというわけにはいかないんですね。自然の中で暮《く》らしている猛禽《もうきん》たちが、健康な状態のときにどんなふうに行動するのか。自分自身も野に出て、彼《かれ》らの本来の姿《すがた》をよく観察し、知っているということが、いざ治療《ちりょう》を行うときに、その個体《こたい》の状態《じょうたい》を判断《はんだん》するひとつの基準《きじゅん》になってくるからです。

たとえば、フライング・ケージで飛翔訓練《ひしょうくんれん》を行い、野生復帰《ふっき》を目指していたオオワシは、真正面を向かずに、みんな、そっぽを向いて、きょろきょろしていましたよね。

あれも、実は重要なシグナルです。「片眼視《かたがんし》」といって、片方《かたほう》の目で見ながら、もう片方の目で自分が飛んでいく逃げ場《にば》を探《さが》しているんです。人が近づいていくと、背伸《せの》びをします。もうちょっと近づいてきたら、さっと逃げる用意をしているというわけです。

危険《きけん》を察知して、逃げることができないようでは、自分の身を守ることはできませんから、野生の鳥は、本来、そういう行動をする。「片眼視」できるようになったら、野生復帰がかなり近づいているといっていい。

そうやって鳥たちを観察し、彼《かれ》らの発しているシグナルに気づくことで、野生復帰のタイミングを見極《みきわ》めているのです。

上・運びこまれたオジロワシを調べる齊藤慶輔さん。猛禽類医用《もうきんるいいよう》の手袋《てぶくろ》をはめている。
下・手術《しゅじゅつ》は、モニターで心拍数《しんぱくすう》や血圧《けつあつ》などを見つつ、五感を使って、慎重《しんちょう》に行っていく。

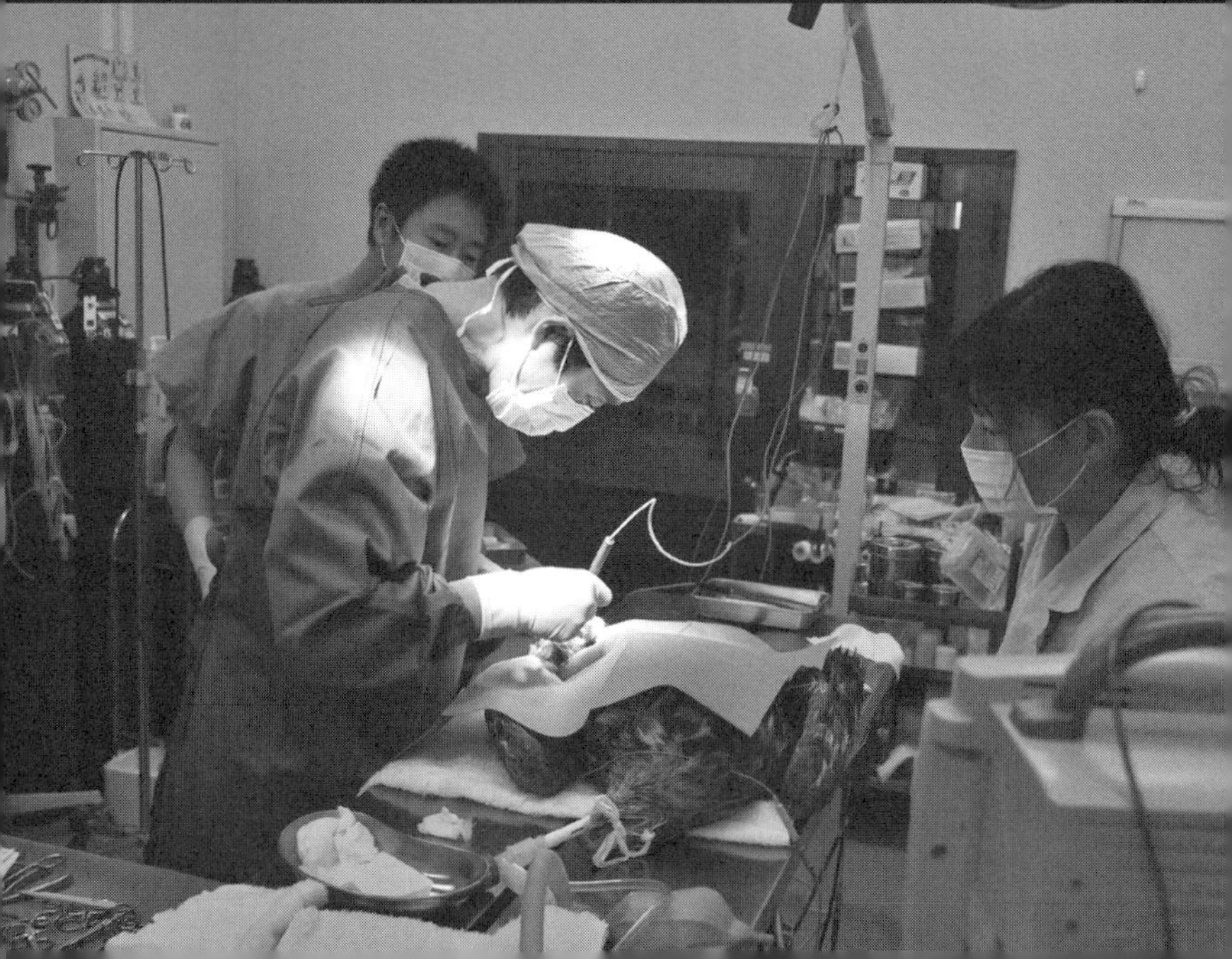

命をまっとうするために

釧路湿原野生生物保護センターには、毎日、傷《きず》ついたワシやタカ、フクロウなどが運びこまれてきます。

動物というのは、人間が危害《きがい》を加えなくても、傷ついたり、死んでしまったりするものですが、その個体《こたい》が野生のままで生活している限《かぎ》り、野生動物の獣医師《じゅういし》が手を出すことはありません。私《わたし》が治療《ちりょう》にあたるのは、交通事故《こうつうじこ》や電線による感電など人間の社会に起因《きいん》する原因《げんいん》で傷ついた鳥たちです。

通報《つうほう》が入ると現場《げんば》に駆《か》けつけます。緊急《きんきゅう》治療は、年間百回近くにも及《およ》びます。

列車の事故で左の翼《つばさ》を切断《せつだん》されたオジロワシは、傷が癒《い》えたとしても、二度と飛ぶことはありません。あのオジロワシのように、命は助かったけれど、野生には戻《もど》れない鳥たちがたくさんいます。彼《かれ》らは「終生飼育《しゅうせいしいく》」、一生ここでということになってしまう。

私《わたし》のいちばん嫌《きら》いな言葉で「飼《か》い殺《ごろ》し」という言葉があります。猛禽類《もうきんるい》のような、本来であれば、二十年、三十年生きるものに対して、そんなことをしていいのだろうか。

そんなとき、私はいつも考えます。

ケージの中で手厚《てあつ》い介護《かいご》を受けながら生きながらえるのと、自然の中で野鳥らしく生きて、その結果ダメになって自然界で死ぬのと、どちらが幸せなのか。

賛否両論《さんぴりょうろん》あるでしょうが、私は後者だと思っています。過酷《かこく》な状況《じょうきょう》に耐《た》えきれず、死んでしまったとしても、カゴの中で死ぬよりいい。あるべきところで生活し、あるべき生き方をして、最終的にはその命をまっとうするように導《みちび》いてあげるべきじゃないのか。

だからちょっとでも可能性《かのうせい》があるものは、たとえ若干《じゃっかん》の不安要素《ふあんようそ》があったとしても、できるだけ野生に帰すようにしています。一回は助けた、あとはがんばれと送り出してやる。

野にあるものは、野に。

私《わたし》が野生動物の獣医師《じゅういし》として、たいせつにしていることです。

野鳥は、野鳥たる一生を送ることが、やはり、いちばん幸せな気がするのです。


では、野生に帰すことができなかった鳥たちはどうすればいいのか。

シマフクロウのチビちゃんのように、生まれたときから野生ではとても生きていけないケースもあります。

数も極端《きょくたん》に少ないし、夜行性《やこうせい》で、住んでいる場所もヒミツ。なかなか見る機会もないシマフクロウを「守る」と言っても、なかなかピンとこないと思うのですが、チビちゃんのように近くまで寄《よ》って見ることができて、じかに触《ふ》れることができるシマフクロウが一羽《わ》いれば、広く知ってもらう機会になる。

環境保護《かんきょうほご》を訴《うった》えるイベントで、チビちゃんがデビューしたときのことは、今でも忘《わす》れられません。生きたシマフクロウのやわらかな羽毛《うもう》に触れて、子どもたちが目を輝《かがや》かせるのを見て、胸《むね》が熱くなりました。

どんな命も、生まれてきたからには、その命をまっとうできるように。

命とはなにか。野生に帰すことができなかった鳥たちは、私《わたし》にあらためてそのことを問いかけてくるのです。

救えなかった命が教えてくれること

春になると、カエルが道路を横断《おうだん》するため、そのカエルを狙《ねら》って、路面に降《お》りてきたシマフクロウが車にはねられるという事故《じこ》が起こります。

翼《つばさ》のある彼《かれ》らが、なぜ車が突《つ》っこんでくる前に逃《に》げられなかったのか。

命を落としてしまった鳥が運びこまれてきたときには、野生動物の獣医師《じゅういし》は、人間でいう「検視官《けんしかん》」の役割《やくわり》を果たします。遺体《いたい》を解剖《かいぼう》することで、原因《げんいん》を突きとめるのです。解剖してわかったのは、ほとんどの場合、車が来る方向を見ながら死亡《しぼう》しているという事実でした。原因はヘッドライトの光です。突然《とつぜん》のまぶしい光に目がくらんで立《た》ち往生《おうじょう》しているところに、車が突《つ》っこんできたのです。車が接近《せっきん》しているのはわかっていて、逃《に》げたいのに逃げられなかった。

原因《げんいん》がわかった以上、貴重《きちょう》な種がこれ以上失われることがないよう、できるだけ早く対策《たいさく》を立てなければなりません。シマフクロウが危険《きけん》を察知して逃げられるようにするにはどうすればいいのか。釧路にある環境省《かんきょうしょう》や国土交通省《こくどこうつうしょう》の人たちと協力して、事故現場《じこげんば》の手前の路面に、スリップ防止用《ぼうしよう》の溝《みぞ》をつけて、車が通ると音と振《しん》動《どう》が起こるようにしたのです。

死んでしまった命を救うことはできないけれど、原因を見極《みきわ》め、対策を立てることで、次の世代を守るために生かしたい。そのために、獣医師《じゅういし》だけでできることは限《かぎ》られていて、さまざまな人の知恵《ちえ》や力を借りることが必要になってきます。

北海道電力《ほっかいどうでんりょく》と協力して開発したものに、バードチェッカーという感電防止《かんでんぼうし》の器具があります。オオワシやオジロワシがケガをしたり、命を落としたりする原因として非常《ひじょう》に多かった感電事故を防《ふせ》ぐために作られました。

シマフクロウが車にはねられる事故《じこ》を防《ふせ》ぐため、設《もう》けられたスリップ防止《ぼうし》用《よう》の溝《みぞ》。車が通ると、音と振動《しんどう》が出る。

ワシの翼《つばさ》や足が、電線と鉄塔《てっとう》、あるいは複数《ふくすう》の電線に同時に触《ふ》れたときに起こる感電を防止するバードチェッカー。

猛禽類《もうきんるい》には、遠くを見渡《みわた》そうと高いところにとまろうとする習性《しゅうせい》があります。それで鉄塔《てっとう》にとまったり、鉄塔から飛びたとうとして、大きく羽を広げたりしたときに、高圧《こうあつ》の電流が流れる電線に触《ふ》れてしまう。ワシが感電することで停電が起きれば、電力会社にとっても困《こま》ったことになります。そこでワシが電線にとまるのを嫌《いや》がるような障害物《しょうがいぶつ》をつけることにしたというわけです。

ワシが嫌《きら》うのはどんなかたち、どんな色なのか。

試作して実験を重ねたときには、フライングケージでリハビリ中の鳥たちが協力してくれました。風が吹《ふ》いても、雪が降《ふ》っても見えやすいよう、角度を斜《なな》めにして設置《せっち》するなど、工夫《くふう》して、改良した結果、現在《げんざい》使われているものはバージョン16になります。今では、道内のおよそ千八百か所に設置されています。

野生動物の獣医師《じゅういし》となって、二十年以上経《た》ちますが、うまくいかなかったときに「おまえはやるだけのことはやったじゃないか」と言われても「そうだ、やるだけのことはやったのだから」と思ったことは、ただの一度もありません。

あのとき、こういう薬があれば、今の自分の技術《ぎじゅつ》があれば、もうひとりいれば、もうちょっと早かったら、助けることができたのではないか。

何度でもまた考えずにはいられない。

生きて放して野生に戻《もど》っていったものはけっこうすぐ忘《わす》れるんですけど、自分の手の中で息をひきとったものは事細かに覚えています。あのときあいつはどうだったか、どういう苦しみ方をしたか。この先も、そういうことを背負《せお》っていくんでしょうね、きっと。

命を終えてしまった死体と向き合ったときでさえ、なにをすればお前はこうならなかったのかと、問いかけずにはいられない。終わりがないんです。

私《わたし》は、臨床医《りんしょうい》というものはそういうものだと思っています。

そうして問いつづけることをやめてしまったら、この仕事を続けていくことはできないのではないか。

ひとつの命の死が、これから生まれてくる命を救うことになるかもしれない。

そこをつなげていくことが、自分の役割《やくわり》だと思っています。

野にあるものは、野に。齊藤慶輔さんは、それをいちばんに願っている。

第三章

鳥の目線で描《えが》く

齊藤《さいとう》慶輔《けいすけ》さんから
上橋《うえはし》菜穂子《なほこ》さんへ

〈私《わたし》は、父親の仕事の都合で、十四歳《さい》までフランスで育ちました。ヨーロッパ、特にフランスは、国境《こっきょう》でいろんな国と接《せっ》しています。そして、それがあの国のなりたちや歴史、国民性とも深く関わっている。

日本に帰ってきて、いちばん不思議だったのは、日本は島国じゃないですか。国境があるようで、ない。まわりを海に囲まれていて、どことも接していない。そうすると、どこかからいきなり侵略《しんりゃく》されるとか、そういう歴史もあまりないわけですよね。
ところが上橋さんの描《えが》かれている世界というのは、非常《ひじょう》にヨーロッパ的とい
いますか、国境《こっきょう》があり、それをまたいで移動《いどう》する人たちがいる。それぞれの国
に特徴的《とくちょうてき》な文化や、特有の背景《はいけい》があって、どうやって共存《きょうぞん》していくのかという
ことが描かれている。
日本に生まれ、日本で育った上橋さんが、どうしてこういう物語を描こうと
思われたのか。国や国境を越《こ》えて、背景が異《こと》なる人たちが共に生きていくこと
について、どういった視点《してん》でご覧《らん》になっているのか、ぜひお聞かせください〉

越境《えっきょう》する人々

たしかに私《わたし》の描《えが》く物語には、国や民族の異《こと》なるさまざまな人々が出てきます。しかもそれは異世界《いせかい》で、実在《じつざい》する国々でさえありません。

「どうして異世界を舞台《ぶたい》にした作品を描くのですか」と、よく人にきかれるのですが、私は「異世界ファンタジーを描きたい」と思って描いているのではないんですね。もし日本を舞台にした物語を書いてしまったら。日本の読者は、きっと、自分のよく知っていることと照らし合わせて読んでしまうと思うんです。でも最初から「これは異世界ですよ」と言われて、俯瞰《ふかん》させられると、みんな、ここはどんな世界なんだろうと、世界全体を感じながら読むことができるんじゃないか。

つまりそうやって、異文化体験《いぶんかたいけん》をしてもらいたいんです。

物語の中の異世界というのは、つまり誰《だれ》も知らない、行ったことのない国ですから、日本人にとっても、アメリカ人にとっても、フランス人、中国人、韓国人《かんこくじん》にとっても、同じように異世界《いせかい》なんです。

どの国の子どもも、みんな、同じ条件《じょうけん》で読んでくださっていることが、ファンレターを読むとよくわかります。


たとえば、チャイニーズアメリカンの男の子が、こんな手紙をくれました。

「僕《ぼく》のお父さんは、僕に、しっかりとした人間になれ。よき人間になって、やがて子どもを守れるような人間にならなければならないとよく言っているんですけど、まさしくバルサは、そのとおりの人でした。僕は、バルサのように強くて、優《やさ》しくて、幼《おさな》い子どもを守れるような人になりたいと思った」と。

また、ある日本人の男の子は、「僕は、人を守れる人になりたいと思いました。警察官《けいさつかん》になりたい」と書いてきてくれました。

国や年齢《ねんれい》を問わず、バルサに人を守ることの強さ、美しさを感じてくれたんだと思うと、すごくうれしかったです。

私《わたし》が書いた「守《も》り人《びと》」シリーズは、国というものに縛《しば》られて生きざるをえないチャグムという皇子《おうじ》と、まったく国というものに縛られずに生きる流れ者の用心棒《ようじんぼう》バルサを主人公にした物語です。チャグムは、やがて船の上で生き、船の上で死んでいく人たちと出会うことになる。その話を書くときに、すごく役に立った『越境《えっきょう》ースールー海域世界《かいいきせかい》から』という本があって、それはフィリピンの南西にあるスールー海の船の上で暮《く》らす人たちを描《えが》いている。海上を移動しながら暮らしている彼《かれ》らは、越境を常《つね》として、国境《こっきょう》というものに縛られない人たちでした。

日本にいると、まるで国というのは、ずっと昔から変わらない確固《かっこ》としたなにかであるように思えますが、実はそういうものではない。ヨーロッパを旅すると「え。もう国境を越《こ》えちゃったの?」と、国の小ささに驚《おどろ》くことがあります。しかも、国境はかつての歴史の中であっちを向いたり、こっちを向いたりしている。

それこそ齊藤先生が育ったフランスだと、アルザス＝ロレーヌ地方を舞台《ぶたい》にした

「最後《さいご》の授業《じゅぎょう》」（『月曜物語《げつようものがたり》』所収《しょしゅう》）が思《おも》い浮《う》かびます。

学校に遅刻《ちこく》して、てっきり怒《おこ》られると思っていたフランツ少年に、担任《たんにん》のアメル先生は言います。「私《わたし》がここでフランス語の授業《じゅぎょう》をするのはこれが最後です。普仏《ふふつ》戦争で負けたため、アルザス゠ロレーヌ地方はプロイセン領《りょう》になり、ドイツ語しか使ってはいけないことになりました。これが、私のフランス語の、最後の授業です」

国境地域《こっきょうちいき》にあるあの村では、戦争によって、使うことができる言葉さえ、変わってしまった。でも歴史をさかのぼれば、それさえも一時的なことだったりするのです。国というものは人間が作り上げた「想像の共同体」であり、決して固定化されたものではない。人は移動《いどう》し、人はのまれ、人はのみこみ、さまざまなことをやっていく。

それこそローマ帝国《ていこく》やオスマン帝国は、ひとつの国というよりも、いろんな国を内包した多民族国家でした。そして今、アメリカもヨーロッパも、移民問題《いみんもんだい》に直面していることを思えば、そういうなかで、「いかに共存《きょうぞん》、共生していくのか」というのは、いつの時代も変わらない普遍的《ふへんてき》なテーマなのだと思います。

人間が地球を滅《ほろ》ぼそうとしているのかもしれない

齊藤先生は、私《わたし》より三歳《さい》お若《わか》いですが、だいたい同世代ですよね。私たちが生まれた一九六〇年代というのは、日本が高度経済成長期《こうどけいざいせいちょうき》に向かうなか、公害問題がクローズアップされはじめた時代でした。

工場が汚染《おせん》された排水《はいすい》をそのまま垂《た》れ流《なが》し、光化学スモッグ注意報《ちゅういほう》が発令され、ニュースでは繰《く》り返《かえ》し警鐘《けいしょう》が鳴らされているのに、環境《かんきょう》汚染、自然《しぜん》破壊《はかい》は深刻度《しんこくど》を増《ま》していく。子ども心に、私は「もしかしたら人間という存在《そんざい》が地球を壊《こわ》そうとしているのではないか」と考え、恐《おそ》れながら育ったのです。

貪欲《どんよく》に繁殖《はんしょく》し、破壊し、支配《しはい》しようとする人類の姿《すがた》は、まるで地球に巣食う悪性《あくせい》の腫瘍《しゅよう》のようです。

このまま自然破壊が進み、人口が増《ふ》えすぎてしまったら、限《かぎ》られた食糧《しょくりょう》や資源《しげん》をめぐって、人は人を殺すしかなくなるんじゃないか。そんな恐《おそ》ろしい考えが、ふと頭に浮《う》かんだりしました。歴史を振《ふ》り返《かえ》れば、戦争はそんなふうにして繰《く》り返《かえ》されてきたんじゃないか。もしかしたら人類は、すでに引き返せない道を突《つ》き進《すす》んでいるのかもしれない。

中学生だったころ、先生がこんな話をしてくれたのを覚えています。

崖《がけ》に向かって突き進む牛の群《む》れがいて、先頭の牛が危険《きけん》を察知して立ちどまることができたとしても、群れ全体に危険が周知されるまでには時間がかかる。先頭の牛たちが「とまれ！」「とまれ！」と叫《さけ》んでも、はるか後方にいる牛たちには、この先に崖があることは見えない。見えないから、立ちどまらず、突き進んでしまう。後方から押《お》し寄《よ》せてくる牛たちの勢《いきお》いに押され、前方の牛たちも、押し出されるようにどんどん崖から落下していく。人間というのは、この牛の群れのようなものだと。

先生の話を聞きながら、私《わたし》には、なす術《すべ》もなく次々と落下していく牛たちの姿《すがた》が、まざまざと目に浮かびました。

人も、また、誰《だれ》かが警鐘《けいしょう》を鳴らしたとしても立ちどまることができず、危険《きけん》な道をそのまま突《つ》き進《すす》んでしまうんじゃないか。危険を察知して、それを発信したとしても、その深刻《しんこく》さが群《む》れ全体に伝わる速度が、やみくもに突き進んでいく速度に、はたして追いつくだろうか。あのとき感じた恐怖《きょうふ》は、いまだに私《わたし》の胸《むね》の中にあるのです。

境界線《きょうかいせん》の上に立つ人

傷《きず》ついた他者を見過《みす》ごすことができず、助けずにはいられないのも人間なら、経済成長《けいざいせいちょう》の御旗《みはた》を掲《かか》げて、際限《さいげん》なく破壊《はかい》を繰《く》り返《かえ》しているのも人間です。

いったい、どちらが人間の本質《ほんしつ》なのでしょう。

ラス＝カサスの『インディアスの破壊《はかい》についての簡潔《かんけつ》な報告《ほうこく》』を読んだのは、そんな答えの出ない問いに悶々《もんもん》としていた高校生のときでした。

ドミニコ会の宣教師《せんきょうし》だったラス＝カサスは、スペイン人によるインディヘナ（新大陸先住民）に対する不当な扱《あつか》いを告発した人物として知られています。植民地支配《しょくみんちしはい》に乗り出したスペイン人たちが「キリスト教徒でもない先住民たちに魂《たましい》はあるだろうか」という差別的な議論《ぎろん》を疑《うたが》いもなくしていた時代に、同じスペイン人でありながら、先住民たちの苦境《くきょう》を見て見ぬふりができず、非人道的《ひじんどうてき》な扱いの数々を逐一《ちくいち》書きとめ、それを報告書《ほうこくしょ》として皇太子《こうたいし》に献上《けんじょう》しました。

このラス＝カサスという人は、なんとすごい人なのだろう、と思いました。スペイン人でありながら、インディオたちに手を差しのべようとした彼《かれ》は、どちらでもあり、どちらでもない、境界線《きょうかいせん》の上に立つ人でしたから。

どんな時代であれ、なにが正解《せいかい》か、見極《みきわ》めるのはむずかしい。人ができるのは、他者と自分の境界線の上に立ち、どうすれば共に生きていくことができるのかを考え続けることなのかもしれない。助けようとする人と破壊《はかい》する人、人間は、たぶんどちらでもあり、どちらにもなれる。

考えてみれば自分自身、自然破壊《しぜんはかい》が許《ゆる》せないと憤《いきどお》りながら、電気やガスを使い、工場で作られた製品《せいひん》を使い、文明の恩恵《おんけい》を受けながら生きている。文明化された社会で暮《く》らしている私《わたし》たちは、誰《だれ》もがその矛盾《むじゅん》を抱《かか》えながら生きていくほかはないのでしょう。

他者の痛《いた》みを想像《そうぞう》すること

解剖学者《かいぼうがくしゃ》の養老孟司《ようろうたけし》先生から、以前、こんな話を聞いたことがあります。チンパンジーと人間の赤ちゃんを比《くら》べてみると、最初は人間のほうが身体的にも能力的《のうりょくてき》にも劣《おと》っているのだけれど、あるところから突然《とつぜん》、形勢《けいせい》が逆転《ぎゃくてん》するのだそうです。

チンパンジーにとって世界は、つねに自分から見た世界でしかない。ところが、人間の子どもは、あるとき、自分から見た世界だけでなく、自分の外に出て、自分というものを見る。この「他者から見た自分」という視点《してん》を獲得《かくとく》したときに、人は、初めて他者が自分と同じような存在《そんざい》であることを想像《そうぞう》し、他者に共感できるようになるというのです。

人間は、自分という「我《われ》」の外に出ることができる。そして他者の痛《いた》みを自分の痛みと重ね合わせることができる。そして、そのことで大きく成長するのだと。

だとしたら、傷《きず》ついた獣《けもの》を見て「かわいそうだ」と思うのは、人間が、そうやって一瞬《いっしゅん》にして他者と自分を重ね合わせ、もし自分にその痛みが起こったらどうなるのかを想像できるからで、だからこそ見過《みす》ごすことができないし、助けずにはいられないのかもしれない。人間だって、もともとは野生動物だったはずなのに、食うか食われるかだけではない、このやむにやまれぬ情動《じょうどう》の正体は、いったいなんなのでしょう。

人間というものは、本当に不思議な行動をするものですね。

自分という「我」の外に出て、他者の痛みを想像することができる。

それこそが、人間を人間にしているのかもしれません。

鳥の視点《してん》がほしい

文学は、人間をどう描《えが》くかを大事にします。自分から見て、世界はどう見えるのか。自分の心がどう動くのか。それで、他者の心はどう動いたのか。私《わたし》は、その「我《われ》」と「他者」の関係を上から見る、もうひとつの視点がほしい。

鳥の視点がほしいんです。

この世界を、鳥のように俯瞰《ふかん》する目があるとしたら、どんなふうに見えるだろうと。

『鹿《しか》の王《おう》』も、そんな鳥の目線で描かれた作品なのだと思います。

物語が生まれたきっかけは、私自身が自分の体の変化を実感したことでした。いわゆる更年期障害《こうねんきしょうがい》になって、それまでコレステロール値《ち》が低かったのが、いきなりビョーンと上がってしまったり、骨密度《こつみつど》が下がってきたり。更年期障害って、一般《いっぱん》的《てき》に女性《じょせい》のほうがなりやすくて、男性はあまりそういうことを感じないと思うのですが、まるで自分の体から「すみませんが、あなたはもうそろそろけっこうです」と言われているような気がしたんです。もう、あなたは、子どもを産む機能《きのう》もおとろえたし、生き物としてすべきことはだいたいすみましたから、そろそろお亡《な》くなりになってもけっこうですと。

そのときに、なるほど、もしかしたら人間の体というのは、そういうふうに初めから組みこまれているのかもしれないと思ったんです。人間だけじゃない、この世

上橋菜穂子の本

『鹿《しか》の王《おう》』
（上下巻《かん》）

『鹿《しか》の王《おう》 上《じょう》 生《い》き残《のこ》った者《もの》』
（画／影山《かげやま》 徹《とおる》　KADOKAWA）

戦士団《せんしだん》〈独角《どっかく》〉の頭《かしら》として、故郷《こきょう》を守るために戦ったヴァンは、奴隷《どれい》に落とされ、岩塩鉱《がんえんこう》に囚《とら》われていた。ある夜、不思議な犬たちが岩塩鉱を襲《おそ》い、謎《なぞ》の病が発生する。そのすきに逃《に》げだしたヴァンは、幼《おさな》い少女を拾う。一方、医術師《いじゅつし》ホッサルは、移住民《いじゅうみん》だけがかかると噂《うわさ》されるその病の治療法《ちりょうほう》を懸命《けんめい》に探《さが》していた。病の背後《はいご》に、うごめく陰謀《いんぼう》。ヴァンは、ホッサルとともに、人々を守るための道を模索《もさく》する——。

にある生きとし生けるものすべてが、いずれ病《や》むか、あるいは老いるかして、この世から消えるようにできているのだと。

体が、あらかじめそういうふうにできているのなら、それをそのまま受け入れて、納得《なっとく》するような思考をプログラムされて生まれてくれれば楽なのに、人間はなかなかそうはいきません。

体の内側でなにが起こっているかを知りたくなって、いろいろな本を読んでいたときに出会ったのがフランク・ライアンの『破壊《はかい》する創造者《そうぞうしゃ》 ウイルスがヒトを進《しん》化《か》させた』という本でした。

人間のおなかの中にいる腸内細菌《ちょうないさいきん》って、人間の細胞《さいぼう》の数よりも多いんだそうです。

体の中にそういう他者がいて、私《わたし》たちの免疫《めんえき》を上げたりしながら生かしてくれているんだなと思ったときに、いきなり頭の中に、あるウイルスの宿主《しゅくしゅ》になってしまった男性《だんせい》の物語がひらめいたのです。

『鹿の王』のヴァンは、最後はこれしか選びようがないという道を選んでいくわけですが、こうじゃない選択肢《せんたくし》がありえたんじゃないかと思う人もいるかもしれない。

ハッピーエンドは、けっしてひとつではないんですね。

齊藤先生は、野生に帰すことができない鳥たちが、その先にどういうふうにしたら幸せであるかをいつも考えるとおっしゃっていたけれども、なにが幸せかというのは、ひとつの正解《せいかい》があるからではないからこそ、むずかしい。そして、先生は、そんなときに、命とはなにか、考えずにはいられないとおっしゃっていましたよね。

生まれたからには、死んでいく。
どんな生き物も、そのことからは逃《のが》れようもない。
生体というものを学者の目で眺《なが》めると、非情《ひじょう》の世界が広がっている。
ところが人間には、なぜか情というものがあって、なぜ生まれてきたのか、生きている意味はなんなのかと問わずにはいられない。
なぜ、生まれてきたのか。なぜ、死んでいくのか。
「なぜ」という言葉で、なぜ思うのか。そのことを、私《わたし》も知りたいと思う。
私は、物語を書くことで、そのことを問いかけ続けているのだと思います。

第四章

ふたつの世界の境《きょう》界《かい》線《せん》で

上《うえ》橋《はし》菜《な》穂《ほ》子《こ》さんから

齊《さい》藤《とう》慶《けい》輔《すけ》さんへ

〈私《わたし》は『精霊《せいれい》の守《も》り人《びと》』はじめ、いろいろな物語を書いていますけれども、その物語に出てくるのは、人間の世界と人間以外の世界との間を行ったり来たりしながら物を考える人たちです。

自分が物語で描《えが》いてきたことを、現実《げんじつ》にやろうとしている人がいる。齊藤先生に出会えたとき、まずはその驚《おどろ》きと感激《かんげき》がありました。

人間と野生の動物たち、ふたつの世界の境界線《きょうかいせん》に立って、共に生きていくためにはどうしたらいいのかを考えていこうとすれば、きっと、いくつもの複雑《ふくざつ》な背景《はいけい》を持つ問題と向き合わなければならないことになる。

「自然を破壊《はかい》するな！」というのは簡単《かんたん》ですが、人間が生きていくための営《いとな》みをすべてやめるわけにはいきません。端的《たんてき》に「自然破壊、反対！」と言いきってしまったほうが、メッセージとしてわかりやすいのかもしれませんが、お互《たが》いに自分の主張《しゅちょう》をふりかざすだけでは、なにも解決《かいけつ》しないことは、世界情勢《せかいじょうせい》のニュースを見ていても明らかです。

齊藤先生のすばらしいところは、あくまでも具体的に現実《げんじつ》を検証《けんしょう》されるところだと思うのです。どんなときも、冷静に原因《げんいん》を見極《みきわ》め、常《つね》に実現可能《じつげんかのう》な解決《かいけつ》策《さく》を探《さぐ》っていこうとする。齊藤先生のようなやり方もあるのだと、その情熱《じょうねつ》と行動力にしばしば圧倒《あっとう》されました。

なぜ齊藤先生は、その先にある一歩を踏《ふ》み出《だ》すことができたのか。

きっと二十年の間に、さまざまな経験《けいけん》をされたと思います。決してあきらめることなく、取り組んでこられた齊藤先生の血肉になったエピソードを、うかがえたらうれしいです〉

ワンチャンスを生かす

前例のないことをやるというのは、道なき道を歩くことに似《に》ています。どんな出来事も、そこから学ぶためのワンチャンスなんだと思って、今、目の前で起こっていることから、ひとつひとつ、学ぶしかないんです。

この経験《けいけん》を次に生かして、前に行こう。そして、同じ症例《しょうれい》がきたら、必ず次に生かしてみせる。そうやって前よりもちょっと、その次はさらにもっと、彼《かれ》らを救うための力をつけていこう。私《わたし》は、常《つね》にそう思ってきました。

それで真っ先に思い起こされるのは、一九九六年、オオワシやオジロワシが大量死する問題が起こったときのことです。

死因不明《しいんふめい》のオオワシの死体が野生生物保護《やせいせいぶつほご》センターに運びこまれてきたのは、私が赴任《ふにん》して二年めのことでした。見た目にはなんの傷《きず》もない。ところが解剖《かいぼう》してみると、胃の中から鉛《なまり》の散弾《さんだん》が出てきて、私《わたし》は即座《そくざ》に、これは鉛中毒《なまりちゅうどく》だと確信《かくしん》したのです。それからも、センターには次から次へとオオワシやオジロワシの死体が運びこまれてきました。どの死体も無傷《むきず》で、私はすぐに鉛中毒の検査《けんさ》をしました。

なぜこのとき、赴任《ふにん》して間もなかった私にそんな対応《たいおう》ができたのかといえば、学生時代に、やはり死因不明《しいんふめい》のコハクチョウの死体の解剖《かいぼう》を頼《たの》まれことがあったのです。そのコハクチョウも、やはり釣《つ》りのときに使う鉛のおもりを飲みこんでいた。そのときに、鳥の鉛中毒につい

鉛《なまり》の銃弾《じゅうだん》で撃《う》たれたシカの死体を食べ、中毒死したオオワシやオジロワシたち。

て世界じゅうの大量の文献《ぶんけん》を調べたことがありました。それでこのときも、ワシの体の状態《じょうたい》（症状《しょうじょう》や剖検所見《ぼうけんしょけん》）から、鉛中毒《なまりちゅうどく》を起こしたにちがいないと気づいたのです。

もしこの経験《けいけん》がなかったら、すぐに手を打つことはできなかったでしょう。

ワシの胃の中からシカの毛が出てきたことで、ハンターが鹿《しか》を鉛の弾《たま》で撃《う》ち、猟《りょう》場《ば》に放置されたその肉をワシが食べたことによって、鉛中毒で死んでしまったのだとわかった。鉛中毒の怖《こわ》さは、その個体《こたい》が助からないというだけではありません。生態系《せいたいけい》への影響《えいきょう》がものすごく大きいんです。

ハンターたちは食用の部位だけを持ち去ると、獲物《えもの》をそのまま放置していくことが多い。鉛の銃弾《じゅうだん》で撃たれたシカの死体がフィールドにあったとして、それを最初に食べるのは誰《だれ》なのか。

ほかを押《お》しのけて、まだ傷口《きずぐち》もなまなましい肉の最初のひと口を食べることができるのは、最も強いワシです。ほかのワシを踏《ふ》み台《だい》にしながら、何年もかけてここにたどりついた最強のワシが、あろうことか、毒入りの肉を食べることであっさり死んでしまう。

強いものが生き残り、弱いものが滅《ほろ》びていくことが自然界のルールだとしたら、これは自然界のルールに反しています。強いものから先に死ぬだなんて、これはもはや種《しゅ》の保存《ほぞん》に関わる一大事なんです。このままなんの手も打たなかったら、ただでさえ希少なワシたちは、あっという間に全滅《ぜんめつ》してしまうかもしれない。

原因《げんいん》は鉛《なまり》の銃弾《じゅうだん》です。

弾《たま》さえ鉛から銅《どう》に替《か》えてもらえたら、ワシは鉛中毒を起こさずにすむのです。ぐずぐずしているわけにはいきません。私《わたし》は、さっそくハンターの方たちにそのことをお願いすることにしました。

ところが、いざ行動を起こしてみると、なにかを変えるというのはそう簡単《かんたん》なことではないということが身にしみてわかりました。

銅の弾は鉛の弾よりも少し値段《ねだん》が高く、しかも鉛の弾のほうが命中率《めいちゅうりつ》がいいといわれていましたから、私の訴《うった》えを快《こころよ》く思わない人も少なくなかった。なかには脅《きょう》迫状《はくじょう》めいた手紙をよこす人もいて、道のりの険《けわ》しさに途方《とほう》に暮《く》れてしまいそうになったこともあります。

しかし、私《わたし》は、べつに「猟《りょう》そのものをやめてほしい」と訴えているわけではないのです。

こういうときに、「敵《てき》」と「味方」にわかれて言い争ったとしても、なにも解決《かいけつ》しないし、かえって事態《じたい》が険悪《けんあく》になったりする。こういうときこそ、相手の立場に立ってものを考えなければ、信頼関係《しんらいかんけい》は絶対《ぜったい》に生まれない。獣医師《じゅういし》である自分にできることは、現場《げんば》で起こっている事実をできるだけありのまま、辛抱強《しんぼうづよ》く伝え続けることだけです。特定の誰《だれ》かを糾弾《きゅうだん》するためではなく、できるだけありのまま事実を伝えるという姿勢《しせい》が大事なんだと思います。ワシの死体の写真を突《つ》きつけられて、不快《ふかい》に思う人もいるでしょう。それをやり続けることは、精神的《せいしんてき》にもなかなかエネルギーのいることです。私のフェイスブックにアップされるのは、そんな写真ばかりですが、なかには関心を持ってくださる方もいる。野生動物と人間の共生という遠くの目標を見つめているからこそ、続けていられるのだと思います。

鉛中毒《なまりちゅうどく》の問題は、猟《りょう》ができる自然環境《しぜんかんきょう》をやがてダメにしてしまうかもしれない。やがてハンターの方たちの中にも、興味《きょうみ》を持って、話を聞きに来てくれる人が現《あらわ》れました。ハンターは、猟についての専門家《せんもんか》です。私《わたし》のほうにも教わらなければならないことがある。問題を提起《ていき》するだけではなく、相手の価値観《かちかん》によく耳を傾《かたむ》けること、現場《げんば》をよく知る人に知恵《ちえ》を借りること、私は、このときにそれを学びました。

さまざまな価値観を検証《けんしょう》していくうちに、それがつながって、ひとつのゴールが見えてくる。私たちは「敵《てき》」と「味方」ではなく、同じ問題を解決《かいけつ》するために集まった「同志《どうし》」なんです。

そうして、ついに二〇〇〇年、北海道《ほっかいどう》ではシカ猟で鉛のライフル弾《だん》を使うことが禁止《きんし》されました。二〇〇四年にはヒグマを含《ふく》むすべての大型獣《おおがたじゅう》の猟で、鉛の弾《たま》は使用禁止に。鉛中毒の問題が最初に明らかになったのは一九九六年のことでしたから、長い時間を要しましたが、少しずつ前進してきたことはまちがいない。しかし、まだ全面禁止ではないですし、法律《ほうりつ》で禁止されたあとも、鉛の弾を使い続けるハンターがあとをたちません。

シカ猟《りょう》の季節になると、鉛《なまり》の毒が回っている肉をワシが食べてしまうことがないように、いまだに私《わたし》はシカの死体を片付《かたづ》け続けています。


二〇一四年の暮《く》れ、アメリカのカリフォルニアの議会では、満場一致《まんじょういっち》で鉛弾《なまりだん》が撤《てっ》廃《ぱい》になることが決まりました。

カリフォルニアには、絶滅《ぜつめつ》の危機《きき》に瀕《ひん》しているカリフォルニアコンドルがいて、やはり死肉を食べるので、鉛中毒で死んでいた。けれど、鉛の弾《たま》の撤廃という根本《こんぽん》策《さく》に行きつくことができたのです。

いっぽう日本では、原因《げんいん》が判明《はんめい》して二十年経《た》つ今なお、鉛中毒でワシが死んでいる。

このちがいは、ある意味、国の姿勢《しせい》、取り組み方のちがいでもある。

学会に行くたびに「おまえのところはまだとめられないのか」と言われ、死んだワシの写真を見せると「私《わたし》がロシアで足環《あしわ》をつけたワシじゃないか。どうしてくれるんだ」と責《せ》められ、日本人の代表として、ずっと苦しい思いをしています。

環境治療《かんきょうちりょう》をライフワークとして

鉛中毒《なまりちゅうどく》の問題は、私にさまざまな経験《けいけん》と示唆《しさ》を与《あた》えてくれました。

傷《きず》ついた野生動物がいると、今まではそれを治すことで獣医師《じゅういし》としての役割《やくわり》はいちおう終わったと思っていたんですね。でも元栓《もとせん》をしめなければ、水がじゃんじゃん流れっぱなしになるように、その個体《こたい》が傷ついた原因《げんいん》を突《つ》きとめ、もうこれ以上は傷つかないように状況《じょうきょう》を改善《かいぜん》しなかったら、この先も傷つき続けることになるわけです。

困難《こんなん》なことが起こったとき、それを見て見ぬふりができる人と、できるかどうかわからなくても半歩踏《ふ》み出《だ》そうとする人がいます。

傷つき、病《や》んだ野生動物たちの声をその最前線で聞く者として、私《わたし》は、それを見て見ぬふりはできないと思う。自分になにができるのかわからなかったとしても、物言えぬ彼《かれ》らに代わって、声をあげないわけにはいかない。

だから私《わたし》は、それでも前に踏《ふ》み出《だ》すのだと思います。


弱い者は死ぬ、強い者は生き残る。これが本来の野生動物の世界です。

そして、人間も、もともとは生態系《せいたいけい》のピラミッドの中にいる、野生動物の一員にすぎなかった。野生動物としての人間は、いかにもひよわで頼《たよ》りない存在《そんざい》です。弱肉強食の世界においては、きっと、クマにやられる人もいたでしょうし、トラにやられる人もいたでしょう。でもそれが日常的《にちじょうてき》だったのは、はるか昔のことです。

子ども向けの絵本だと、よく生態系のピラミッドのてっぺんに人間が堂々と描《えが》かれていたりしますが、私はあの絵は、まちがっていると思うんですよ。

ピラミッドのてっぺんどころか、もはやピラミッドから大きく外れてしまって、ピラミッドを丸ごと足蹴《あしげ》にして全部ぶっ壊《こわ》すことができるくらい、人類は文明という強大な力を持つ「神」になってしまっている。それなのに自分たちがなにをしでかしているのかに気づきもせず、自覚もないまま、際限《さいげん》なく破壊《はかい》を繰《く》り返《かえ》している。

それが人類という種《しゅ》だと思います。

やろうと思えば、きっと一か月以内で野生動物たちが暮《く》らしている森を全部、あとかたもなく切《き》り尽《つ》くすことだってできるでしょう。生態系《せいたいけい》のピラミッドの中に、こんな身勝手で制御不能《せいぎょふのう》な種が、いまだかつていたでしょうか。

もともとは、猛禽類《もうきんるい》こそが生態系のピラミッドの頂点《ちょうてん》にいたのです。ライオンやオオカミ、クマ、そして猛禽類のように、ほかの生き物を捕食《ほしょく》して生きる動物たちのことを「アンブレラ種」と呼《よ》ぶことがあります。

食物連鎖《しょくもつれんさ》の頂点にいる動物が暮らせる環境《かんきょう》を保全《ほぜん》することが、その地域《ちいき》のほかの動物たちの環境を保全することにつながることから、生態系全体を守るカサ、「アンブレラ」と呼ばれているのです。

あるいは「キーストーン種」といわれることもあります。

キーストーンというのは、石橋を作るときに使われる、かなめ石のことです。石橋をアーチ状《じょう》に組むときには、両岸から徐々《じょじょ》に石を組んでいって、最後に全体の重心となる台形の石をはめます。この石を抜《ぬ》いてしまったら、全体が崩《くず》れてしまう重要な役割《やくわり》の石なのでかなめ石、「キーストーン」と呼《よ》ぶのです。

つまり「キーストーン種《しゅ》」というのは、その種がいなくなったら、生態系全体《せいたいけいぜんたい》に影響《えいきょう》を与《あた》える可能性《かのうせい》がある種のことを指します。つまり猛禽類《もうきんるい》を見れば、彼《かれ》らが生息する自然環境《しぜんかんきょう》が健《すこ》やかなものに保《たも》たれているかどうかが、わかるというわけです。

次から次へと運びこまれる鳥たちを治療《ちりょう》するうちに、目の前の一羽《わ》を治すことだけが、はたして獣医師《じゅういし》の役割だろうか、と思うようになりました。もっとできること、やらなければならないことがあるんじゃないか。

彼らの痛《いた》みを知る者として、野生動物たちが伝えてきてくれる自然界の変貌《へんぼう》を伝えたい。

人間のせいで、傷《きず》つき、病《や》むことになった彼らのメッセージを、獣医学《じゅういがく》という言語を通して人間の言葉に翻訳《ほんやく》することで、われわれと野生動物たちがすんでいるこの環境《かんきょう》を改善《かいぜん》し、治していく契機《けいき》になるかもしれない。

人間と野生動物が共に生きていくために、自然環境全体を末永《すえなが》く健全な状態《じょうたい》に戻《もど》していくこと。

そのために、私《わたし》は、医者であり、野生の鳥たちの伝えたかったメッセージを人間の言葉に翻訳する通訳《つうやく》であり、時には、人と野生の生き物が共に生きていけるよう仲裁《ちゅうさい》する、弁護士《べんごし》でありたい。「環境治療《ちりょう》」と呼《よ》んでいるのですが、それが私のライフワークになったのです。

東日本大震災《ひがしにほんだいしんさい》のとき、原発事故《げんぱつじこ》が起こって、自然エネルギーに対する関心が高まり、北海道でも、風力発電の風車がものすごくたくさん作られました。

その結果、その風力発電のブレード（羽）に当たって、四十羽《ぱ》以上のオジロワシが死んでしまったのです。そうすると、なかには、風力発電そのものをやめようと言い出す人も出てくる。

私は、これ以上鳥たちが傷《きず》つかないようにしたい。しかし、エネルギー問題として考えたときに、はたしてこれからもずっと風力発電を使わないという選択《せんたく》ができるでしょうか。なにかを「やめる」のは簡単《かんたん》です。ただ「やめる」と決めたとたん、それを「やる」ための技術《ぎじゅつ》や理論《りろん》もとまってしまう。そうじゃなくて、今やるべきは、どうしたら人間は風というエネルギーを、自然や動物たちを傷《きず》つけることなく活用できるのかを考えることだと思うのです。

そもそも、ワシはなぜ風車にぶつかってしまうのか。

解剖《かいぼう》の結果、死体はほぼすべて即死《そくし》でした。しかも、ぶつかったというより、上からたたき落とされるように死んでいることがわかりました。原因《げんいん》は、目の錯覚《さっかく》でした。ブレードは、時には風速三〇〇キロの速さで動きます。猛《もう》スピードで動くものは、遠くにいるときには見えていても、近づくとふっと消えてしまう。ワシたちにとっては、自分たちが常《つね》に移動《いどう》するルートに突然現《とつぜんあらわ》れては消える凶器《きょうき》だったのです。

どうすればこれを防《ふせ》ぐことができるのか。

今はまだ模索中《もさくちゅう》ですが、必ず解決策《かいけつさく》はあるはずだと思っています。

楽観的すぎるかもしれませんが、私《わたし》は、いわゆるガイア理論《りろん》に共感するところがあります。なぜって、ガイア理論の考え方というのは、私の診《み》てきた野生動物の体で起こっていることそのものだからです。

ガイア理論では、地球はひとつの生命体だと考えます。そして、もし地球が壊《こわ》れてしまうようななにかが起こったときには、それをとめようとする力がどこかで働くのだと。

それはそのまま、ある動物が病気になると、その病気を排除《はいじょ》しようとそれに対抗《たいこう》する特殊《とくしゅ》な白血球が現《あらわ》れることと、とてもよく似《に》ています。

だとしたら、私はこの白血球のひと粒《つぶ》のようでありたいのです。

もし地球を壊そうとするなにかが起こったときには、それに異《い》を唱え、それをどうにかして食いとめようとする人間でありたいと思う。

傷《きず》つけた原因《げんいん》が人間にあるのなら、傷つけない解決策《かいけつさく》を見つけることも必ずできるはずです。人と人、そして、人と野生動物たち、われわれは「敵《てき》」と「味方」ではなく、この地球の上で共に生きる「同志《どうし》」だと思うのです。

SWITCH

齊《さい》藤《とう》慶《けい》輔《すけ》

上《うえ》橋《はし》菜《な》穂《ほ》子《こ》

作家・上橋菜穂子さんの新居《しんきょ》を訪《おとず》れた齊藤慶輔さん。書斎《しょさい》には、壁一面《かべいちめん》に作りつけの本棚《ほんだな》があって、ズラリと並《なら》んだ幅広《はばひろ》い専門書《せんもんしょ》の数々に、興味津々《きょうみしんしん》です。

作家としての原点

齊藤　こんにちは。

上橋　いらっしゃい。どうですか、あったかいですか、こっちは。

齊藤　あったかいです。びっくりしました。もう春ですね。ワークブーツをはいてきてしまいました、いつもどおり。ワークブーツじゃないと落ち着かなくて（笑）。

上橋　わかります、その気持ち。私《わたし》もこういう靴《くつ》じゃないとダメなんです（笑）。どうぞ、こちらへ。ここが、私の書斎《しょさい》です。

齊藤　すごい本ですね。

上橋　ここには七百冊《さつ》くらいあります。でも自分の趣味《しゅみ》の本、いわゆる文学、楽しんで読む本は、まだこっちに持ってきていなくて。大好きなディック・フランシス、それから藤沢周平《ふじさわしゅうへい》はここにあるんですけど、ここにあるのは学問の関係の本が多いですね。

齊藤　背表紙《せびょうし》を眺《なが》めているだけで、ものすごく深くマニアックな部分が見えるんですけど。

上橋　確《たし》かにマニアックです（笑）。最近は生物学・医学関係の本を読んでいますから。こちらは高校生のときに好きだった本で、これは映画《えいが》にもなった『ロード・オブ・ザ・リング』、トールキンの『指輪物語《ゆびわものがたり》』です。奥付《おくづけ》が昭和五十二年ですから古いです。このころはトールキンの顔写真も入ってるんですね。最初に読んだのは、すごい昔。実はこれはとてもたいせつな本で、私《わたし》が物語を描《えが》きたいと思った原点は、この『指輪物語』ともう一冊《さつ》、ローズマリ・サトクリフの『第九軍団《だいきゅうぐんだん》のワシ』『ともしびをかかげて』『運命《うんめい》の騎士《きし》』なんです。サトクリフは「えっ、これが子ども向けの本なのか」と思うほど容赦《ようしゃ》ない歴史を描《えが》いていて、読み始めるとスーッとその世界に入っていける。こちらには、「守り人《もりびと》」シリーズや『獣《けもの》の奏者《そうじゃ》』の海外版《かいがいばん》があります。装丁《そうてい》も国によって全然ちがって、同じ『精霊《せいれい》の守り人《もりびと》』でも、いろんなバルサがいます。

齊藤　このバルサは色っぽいですね。

海外版『精霊の守り人』

英語版

イタリア語版

スペイン語版

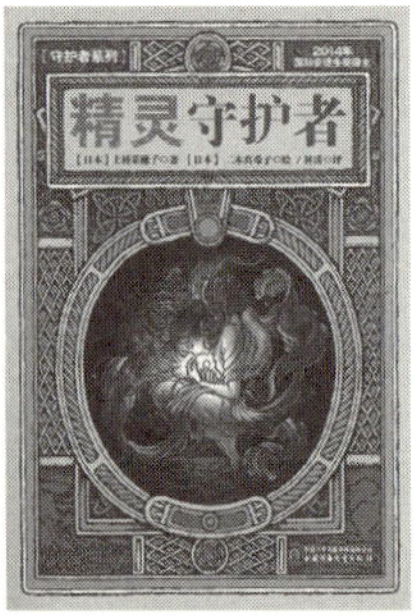

中国語（簡体字）版

中国語（繁体字）版

韓国語版

海外版『獣の奏者』

中国語（簡体字）版

中国語（繁体字）版

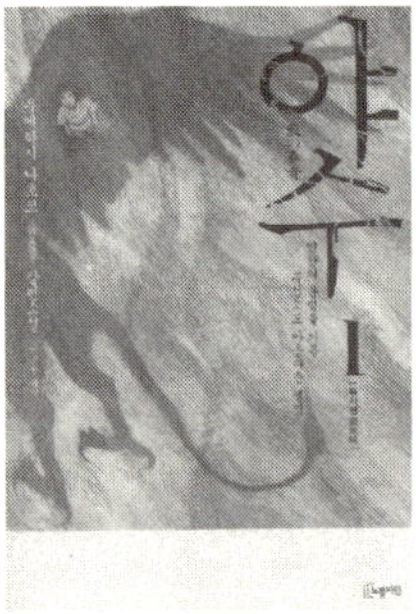

韓国語版

海外版『狐笛のかなた』

中国語（簡体字）版

中国語（繁体字）版

海外版『鹿の王』

中国語（繁体字）版

韓国語版

ポルトガル語版

フランス語版

フランス語版

ドイツ語版

スウェーデン語版

上橋　これはイタリア語版《ごばん》のバルサですね。フランス語版はあまり色っぽくない。「こんなのバルサじゃない」と言う人もいるけれど、きっと読む人それぞれのバルサがいると思うんですよ。そして中国語（繁体字《はんたいじ》）版だと、私《わたし》は、「異世界奇幻大師《いせかいきげんだいし》」なんです（笑）。

齊藤　ホントだ。

上橋　ファンタジー作家という意味だと思うんですけど。韓国語版では『獣の奏者』は『野獣《ヤス》』というタイトルになる。字面《じづら》が渋《しぶ》くて、ヤクザ映画《えいが》みたいな（笑）。

齊藤　どのくらいの言葉に訳されているんですか。

上橋　「守り人」シリーズは八言語、『獣の奏者』は六言語です。

なぜバルサは困難《こんなん》に飛びこんでいったのか

齊藤　今回の対談にあたって、上橋さんの『精霊の守り人』を、私《わたし》も読ませていただいて。すごいなと思ったのは、バルサがチャグムの用心棒《ようじんぼう》を引き受けるべきかどうかの決断《けつだん》を迫《せま》られたときに「それは自分の運命である」とスッと受け入れて、手を差しのべるじゃないですか。あれを読んだときに、私《わたし》は、思わず自分自身の体験と重ね合わせてしまったところがあるんです。

上橋　バルサは、なぜこのとき、すぐに受け入れることができたのか。アニメ化を手掛《てが》けた神山監督《かみやまかんとく》にも、まったく同じことをきかれました。

齊藤　困難《こんなん》に直面したときには、それを見ないふりができる人と、それでもできることをやろうと半歩踏《ふ》み出《だ》す人にわかれると思うのですが、鉛中毒《なまりちゅうどく》で野生動物が大量死した事例にぶちあたったときの自分は、まさに後者でした。個人《こじん》の手にあまるような、大きな問題にぶちあたって、そんなのとても自分では解決《かいけつ》できないと逃《に》げ出《だ》すことだってできたかもしれない。そして、そのほうがきっと楽だったと思うんです。でも、あのとき、自分は、「なにもできないかもしれないけれど、仕方ないから受け入れてやるしかない」と思ってしまった。それで、バルサもきっとそうだったんじゃないかと。

上橋　あのー、先生は恐《おそ》ろしいことを今、おっしゃっていてですね。私の描《えが》く人って、みんな、それらしいんです（笑）。

齊藤　ええっ（笑）。

上橋　バルサは武術《ぶじゅつ》の才能《さいのう》もあるし、非常《ひじょう》に強い人です。これまで人助けをしてきた経験《けいけん》もあるし、なにより彼女自身《かのじょじしん》が、チャグムのように窮地《きゅうち》を救われた過去《かこ》がある。かつてジグロという男がバルサを助けなかったら、彼女自身の人生はなかったわけですよね。たくさんの命にあがなわれてきた彼女は、なぜ自分は生きているのか、生きていてよいのかを求めていた。そういう人間があの状況《じょうきょう》に出合ってしまったら、やらざるをえなかったんだと思うんです。それを見て、周りはなんてスゴい人だと思うかもしれない。でもバルサは決して英雄《えいゆう》ではないんですね。先生の言葉をお借りするなら、バルサもやはり「半歩前に出てしまわざるをえない人間」なんですね。諦《あきら》めることができるのは、ほかに術《すべ》がない人間であって、できるのにそれを諦めるというのは、たいへん心苦しいことですよね。それで、やらざるをえない人間が出てくる。なんか、でも、そうすると、私《わたし》が描《えが》く主人公って、みんな、齊藤先生的なのかもしれません。

人間という種《しゅ》はどこに向かうのか

齊藤　文化人類学者としては、オーストラリアの先住民アボリジニの研究をしてこられたそうですが、その経験《けいけん》というのは、作家として物語を執筆《しっぴつ》するときにも生きていますか。

上橋　そうですね。私《わたし》は、ひとつの音声だけがひびく世界を描《えが》くのが苦手なんですね。多くの音声がひびく世界を描きたい。オーストラリアは多民族国家で、本当にさまざまな立場の人がひとつの日常《にちじょう》を営《いとな》んでいるので、それがおそらく多音声の世界を描いていくときに役に立っていると思います。あとはフィールドワークを通して、ふつうあんまり体験できないようなことを、実際《じっさい》に体験しているので。たとえば日本にいると、なかなか狩猟採集《しゅりょうさいしゅう》の体験ってできないですけど、アボリジニの人からカンガルーの皮むきを教わったりとか。食べたことあります？　カンガルーは、しっぽがおいしいんですよ。

齊藤　へえ。しっぽ、ですか。

上橋　シチューにしたり、切れ目を入れて、蒸《む》し焼《や》きにしたり。

齊藤　皮ごとですか。

上橋　蒸し焼きにするときは、皮ごとが大事なんですって（笑）。あとはゴアナというオオトカゲがいるんですけど、これがまたおいしいんですよ。

齊藤　オオトカゲを召《め》し上《あ》がる？

上橋　鶏肉《とりにく》に似《に》ています。

齊藤　そうですか。食べてみたいですね。でもゴアナがレシピ本に出てきても、困《こま》りますよね（笑）。

上橋　おかげで、動物をさばくときは関節のところに切れ目を入れてからパキンと折るとか、撃《う》たれたばっかりのものはあったかいとか、そういうことを体験として知っているので。そういうのが、描《えが》いているときになまなましい描写《びょうしゃ》につながっているのかもしれない。

齊藤　読んでると、どれも味が想像《そうぞう》できるような感じで、ちょっと食べてみたくな

皮ごと調理されるカンガルーのしっぽ。

オオトカゲのゴアナ。アボリジニの人から狩猟採集《しゅりょうさいしゅう》の体験を教わる。

りました。

上橋　ありがとうございます。実はあれ、自分が食べたいと思うものを書いているんです。異世界《いせかい》を舞台《ぶたい》にしてはいても、私《わたし》は、そこに住める世界を描《えが》きたいと思う。そこで食べて、寝《ね》て、暮《く》らして、においもあるような世界を。そして、主人公たちは、その世界の中で生きてほしい。

齊藤　私も、コウモリの丸焼きですとか、いろいろ食べてはいるんですけれども。

上橋　フルーツバットとかおいしいんじゃないですか。

齊藤　おいしいですね。でも料理というより焼死体《しょうしたい》のような。

上橋　そうですよね、焦《こ》げ焦げで。カンガルーもそうで、焦げ焦げです。

齊藤　コウモリも同じ。焦げ焦げでした（笑）。

上橋　そもそも私は、長くて動くものはダメな人なんですよ。だから日本でこれやられたら「きゃー！」と言って絶対逃《ぜったいに》げると思う。いちおう、そういう女性《じょせい》らしいところもあるんですよ。でもオーストラリアにいると「食えますね」って言えちゃうんだな、これが（笑）。やっぱり、その場にいるとちがいますよね。

齊藤　そうですね。そういうふうに相手をまず理解《りかい》するところから始めないと、共生というのは、なかなかむずかしいかもしれない。

上橋　いかに人間が自分の文化から離《はな》れるのがむずかしいかを、人類学者は実体験から、身にしみて知るようになるんです。

齊藤　私《わたし》も、大学を卒業してからＪＩＣＡ《ジャイカ》の短期専門家《たんきせんもんか》として二年間、マダガスカルに滞在《たいざい》したんですね。マダガスカルの人って、すごいのんびりしてるんですよ。よく口にする「ムーラムーラ」という言葉があるのですが、これが「ゆっくりゆっくり」という意味で、今よりさらにゆっくりしたらどうなるんだって思うんですけど（笑）。

上橋　アボリジニの人たちもそうです。ものすごーく、ゆっくり。朝出かけるときに見かけた人が、夜、帰ってきても、そこにいたりする。私はせっかちなので、いっしょにいるとたいへんイライラします（笑）。「共生」といわれて、頭に浮《う》かぶのは、そうした先住民との共生であるとか人と人との共生の話ですが、私の心の中にあるのは、生きとし生けるもの全部なんですよ。それこそ菌類《きんるい》までふくめて、ありとあらゆる全部の命がうまく生きのびていけるような共生というものが、はたしてありえるのだろうかと。

齊藤　そうですね。私《わたし》も、そういうテーマについて考えざるをえない立場にいて、実現《じつげん》したいと思うのは、単に「共存《きょうぞん》すること」じゃなくて「共生」です。同じ生態《せいたい》系《けい》にあって、共にバランスを保《たも》ちながら健全な姿《すがた》で生きていくにはどうしたらいいのか。

上橋　それを考えるには、やっぱり人の視点《してん》だけではダメですよね。

齊藤　そうですね。傷《きず》ついた鳥たちに教えられることが本当にたくさんあるので、それを人間の世界に伝えることが自分の役割《やくわり》じゃないかと。鳥たちの眼《め》を通して考えることで、人間も生態系の中できちっと生きていけるんじゃないかなと思うので。

上橋　いったい、人間はいつからこんなにせわしなくなっちゃったんだろうなあと。フィールドワークに出かけて、アボリジニのような、本当にのんびりした人たちと生活を共にしていると、時間の感覚がまるでちがうことを痛感《つうかん》させられます。

都会で生きている私《わたし》と狩猟採集民族《しゅりょうさいしゅうみんぞく》の彼《かれ》らとでは、流れている時間がまるでちがう。人間の歴史上、人口が爆発的《ばくはつてき》に増《ふ》えたことが二回あるといわれていて、ひとつが農業を発明したとき、もうひとつが産業革命《さんぎょうかくめい》。人口が増えることによって、どんどん効率良《こうりつよ》く、もっとめまぐるしく動かさなければ、自分たちの社会を支《ささ》えきれなくなっていったんじゃないかと。

齊藤　今は体の上に心が乗っかっているので、体が朽《く》ちてしまうと心も朽ちてしまうし、命も朽ちてしまうんですが、もしこれが別々だったらと思うことがあります。今の再生医療《さいせいいりょう》だったら、いずれ体は若返《わかがえ》ることができるようになるかもしれない。そうなると、これからは心と体が別々に動いていく可能性《かのうせい》が出てくる。

上橋　ある意味、別な革命が起きてしまいましたよね。

齊藤　たとえば人間が二百年とか五百年生きるようになったら、ものすごい膨大《ぼうだい》な知識《ちしき》と経験《けいけん》を持っていることになるわけで、そういう人間の心が、新しい体に乗っかって、さらに生き続ける可能性だってあるわけです。

上橋　生態系《せいたいけい》においては、人間という種《しゅ》がただでさえこんなに多いのに、それがさらに長寿《ちょうじゅ》になったら、次の世代はどうなるのか。生態系《せいたいけい》がまた変わってきますよね。

齊藤　頭の中のバックアップをとっておいて、赤ちゃんにそれをインストールして、最初からすごい赤ちゃんができることだってあるかもしれない。

上橋　人という生物が、そうやってどんどん進化する可能性《かのうせい》が出てきますよね。生物の中で人間という種だけが生態系のピラミッドの中から飛び出しちゃったという、先生の言葉がいよいよ加速度的に真実味を増《ま》してきたかのような。最先端《さいせんたん》の再《さい》生医療《せいいりょう》の現場《げんば》に、私《わたし》もそれを感じました。でももしかしたら、そのときは、増《ふ》えすぎた種の自然淘汰《しぜんとうた》のシステムが発動して、人の体は、人という種を滅《ほろ》ぼすような進化を始めるかもしれない。

齊藤　人間という種は、どこに行こうとしているんだろう、と思います。

上橋　ホントに。どこに行こうとしているんだろう、ね。

闇の守り人

エピローグ　命の現場《げんば》から

齊藤慶輔《さいとうけいすけ》

冬の狩《か》り穴《あな》で、バルサがチャグムに昔話をしていると、カツーン、カツーンと音がする。それはワシが空から落とした骨《ほね》の音だった——。

『精霊《せいれい》の守《も》り人《びと》』に出てくる、とても印象的なこのシーンを、上橋さんは、記憶《きおく》の片隅《かたすみ》にあったワシの習性《しゅうせい》からひらめいたのだといいます。

猛禽類《もうきんるい》を専門《せんもん》とする獣医学者《じゅういがくしゃ》として解説《かいせつ》させていただくなら、あれはヒゲワシです。ヒゲワシの主食は、栄養価《えいようか》の高い牛の骨髄《こつずい》で、大きな骨をわざと上空から落として、割《わ》って食べるのです。

カツーン、カツーンという音のなんという臨場感《りんじょうかん》でしょう。

その音が、バルサの記憶《きおく》を手繰《たぐ》り寄《よ》せる呼《よ》び水《みず》となって、そこから『闇《やみ》の守《も》り人《びと》』の物語が浮《う》かんできたのだと聞いて、作家の頭の中にあるシノプシスが電光石火で繫《つな》がる瞬間《しゅんかん》を目《ま》の当《あ》たりにしたような気持ちがしました。

ある瞬間、意図せず、物語がひらめくという上橋さんの中には、きっと、信じられないほど、たくさんの引き出しがあって、さらに引き出しを増《ふ》やそうとしている。書斎《しょさい》に、アボリジニの人たちが狩《か》りで使う本物のブーメランが、無造作《むぞうさ》に置かれていたのも、印象的でした。実は、我《わ》が家《や》にもマダガスカルの部族がくれた槍《やり》がありますす。槍が二本、うやうやしく飾《かざ》られている家というのも不思議なものだなと思っていたのですが、ブーメランがある家というのもあまりないですよね。天井《てんじょう》まで届《とど》く本棚《ほんだな》のある書斎にちょっとふつりあいな、あのごついブーメランを見たときに、この人も、やはり机上《きじょう》の人ではなく、自分と同じ、フィールドに出て、物を考える人なのだと確信《かくしん》しました。

あんなに緻密《ちみつ》な物語を描《えが》かれるのだから、堅《かた》い人なのかもしれないという、こちらの思《おも》い込《こ》みは、あっさりと裏切《うらぎ》られ、実際《じっさい》にお会いした上橋さんは、実にやわらかで、ハードルをつくらない方でした。おかげで、ずいぶんといろんな話をさせていただいたような気がしています。

私《わたし》のもとには、今日も、はからずも人間が傷《きず》つけてしまった動物たちが運びこまれてきます。傷《きず》ついた彼《かれ》らを治したり、その原因《げんいん》を正していくという生活をしていると、自然界のバランスが崩《くず》れていることを、日々、痛感《つうかん》させられます。

私《わたし》は、私のような職業《しょくぎょう》が早くなくなる世界が来ないかなと思っています。

それが、私の夢《ゆめ》です。

人間も野生動物たちも、お互《たが》いに持ちつ持たれつしながら、本当にいいバランスで共生することができる世界が、私の理想です。私のような職業の人間が手を貸《か》さなくてもいいというのが、生きとし生けるものたちの、本来、あるべき姿《すがた》ではないかと思うのです。

とても私が生きている間には達成できそうにないけれど、人間という種《しゅ》がタッグを組んで、次の世代、また次の世代と灯火をリレーするように取り組んでいけば、いつか実現《じつげん》できる日が来るかもしれない。

物語というのは、こうありたいと願っていることを描《えが》くことができるのだと、上橋さんは、おっしゃいましたよね。「これが現実《げんじつ》だ」と嘆《なげ》くばかりではなく、何ができるのかを考え、実践《じっせん》していくことで、そういう現実を少しずつ変えていくことができるのだと、私《わたし》も思っています。

たとえ境界線《きょうかいせん》を隔《へだ》てて、対立しているように見えたとしても、共に生きていく道は、きっとある。

そのために、今、この地球で何が起きているのかを知ってほしい。

命の現場《げんば》から、野生の動物たちの声を発信していきたい。

そうして、遠い遠い目標に向かって、共に歩いていきたいと願っています。

上橋菜穂子　うえはし なほこ

1962年、東京都生まれ。作家。川村学園女子大学特任教授。専攻は文化人類学でオーストラリアの先住民アボリジニを研究。1989年に『精霊の木』で作家デビュー。野間児童文芸新人賞、産経児童出版文化賞をダブル受賞した『精霊の守り人』を始めとする「守り人」シリーズ、『狐笛のかなた』(野間児童文芸賞)、『獣の奏者Ⅰ～Ⅳ』『獣の奏者　外伝 刹那』ほか著書、受賞多数。近著に、『物語ること、生きること』『明日は、いずこの空の下』『鹿の王』がある。2014年に国際アンデルセン賞作家賞を受賞。2016年よりNHKで大河ファンタジー「精霊の守り人」が放映。

齊藤慶輔　さいとう けいすけ

1965年、埼玉県生まれ。獣医師。幼少時代をフランスで過ごし、野生動物と人間の共存を肌で感じた生活を送る。1994年より環境省釧路湿原野生生物保護センターで野生動物専門の獣医師として活動を開始。2005年に同センターを拠点とする猛禽類医学研究所を設立、その代表を務める。絶滅の危機に瀕した猛禽類の保護活動の一環として、傷病鳥の治療と野生復帰に努めるのに加え、保全医学の立場から調査研究を行う。近年、傷病・死亡原因を徹底的に究明し、その予防のための生息環境の改善を「環境治療」と命名し、活動の主軸としている。世界野生動物獣医師協会理事、日本野生動物医学会幹事、環境省希少野生動植物保存推進員。

本書は、2016年3月26日に放送された「NHK Eテレ SWITCHインタビュー達人達」をもとに、構成に大幅な変更を加えた書きおろしです。

写真　上橋菜穂子氏提供　カバー表1, 表4, P.123
　　　齊藤慶輔氏提供　カバー表1, 表4, P.34, 39, 63, 67下, 73下, 76, 99
　　　NHK　P.11, 31, 67上, 73上中, 113, 129
　　　関 夏子　P.15

編集協力　瀧　晴巳

装丁　城所　潤（Jun Kidokoro design）

世《よ》の中《なか》への扉《とびら》
命《いのち》の意味《いみ》　命《いのち》のしるし

2017年1月25日　第1刷発行
2018年7月2日　第3刷発行

著　者　上橋《うえはし》菜《な》穂《ほ》子《こ》×齊藤慶輔《さいとうけいすけ》
発行者　渡瀬昌彦
発行所　株式会社　講談社
　　　　〒112-8001　東京都文京区音羽2-12-21
　　　　電話　編集　03-5395-3535
　　　　　　　販売　03-5395-3625
　　　　　　　業務　03-5395-3615
印刷所　慶昌堂印刷株式会社
製本所　株式会社若林製本工場
本文データ制作　講談社デジタル製作

N.D.C. 916　134p　20cm　ISBN978-4-06-287025-2